YOGI HITLER

Mathias Tietke

Yogi Hitler

Der Einfluss von Yoga und indischer Philosophie auf die Ideologie des Nationalsozialismus

Ludwig

Partner-Yoga für Fortgeschrittene, 1935

Dank

Nach der Veröffentlichung von »Yoga im Nationalsozialismus« kamen durch die starke nationale und internationale Resonanz sowie weitere Recherchen neue Aspekte des Themas zutage.

In erster Linie betraf dies die Person des Reichskanzlers Adolf Hitler im Kontext der Geschichte des Yoga und der mit Yoga verbundenen indischen Philosophie.

Dass dies nach der erweiterten Neuauflage von »Yoga im Nationalsozialismus« in eine neue Veröffentlichung mündete, habe ich in erste Linie Dr. Jennifer Lorenzen-Peth und dem Verleger Dr. Steve Ludwig zu verdanken.

Im Bemühen, die Verbindungen zwischen Yoga, Indien und Hitler zu ergründen und hierfür Belege zu finden, war der persönliche Kontakt zu Timothy W. Ryback, dem Autor von »Hitlers Bücher«, wichtig. Ich bin ihm für seine Hinweise zu Dank verpflichtet.

Die Fertigstellung des Manuskripts erfolgte unter den erschwerten Bedingungen der Pandemie und einschneidender Maßnahmen der Bundesregierung und des Berliner Senats.

Dafür, dass dennoch passable Lösungen für die Nutzung von Fachliteratur gefunden wurden, danke ich den Mitarbeitern und Mitarbeiterinnen der Universitätsbibliothek der Humboldt-Universität zu Berlin sowie Florian Gehringer von der Bibliothek des Dokumentationszentrums »Topographie des Terrors«.

Last but really not least danke ich ganz herzlich Daniela Zietlow für das umsichtige Redigieren und Korrigieren des Manuskripts sowie für das wiederum ansprechende Layout.

Bibliografische Information der Deutschen Nationalbibliothek
Die Deutsche Nationalbibliothek verzeichnet diese Publikation in der Deutschen Nationalbibliografie; detaillierte bibliografische Daten sind im Internet über https://portal.dnb.de abrufbar.

Holtenauer Straße 141
24118 Kiel
Tel.: 0431-85464
Fax: 0431-8058305
info@verlag-ludwig.de
www.verlag-ludwig.de

Satz & Layout: Daniela Zietlow

Umschlagbild: »Der Führer als Tierfreund«, Repro aus »Deutschland erwacht. Werden, Kampf und Sieg der NSDAP«, © Cigaretten-Bilderdienst Hamburg-Bahrenfeld, 1933

Autorenfoto Umschlagrückseite: Heike Schäfer

Abbildungen auf S. 19, 24, 38, 61, 74: Wikimedia Commons

Alle weiteren Repros: Archiv Mathias Tietke

Gedruckt auf säurefreiem und alterungsbeständigem Papier
Printed in Germany

ISBN 978-3-86935-253-4

Inhaltsverzeichnis

1 Einführung: Die Bildung der nationalsozialistischen Weltanschauung

Anders als in »Yoga im Nationalsozialismus« geht es in »Yogi Hitler« nicht darum, wie Yoga im nationalsozialistischen Staat rezipiert und was zu diesem Thema publiziert wurde. Es geht in diesem vorliegenden Buch um den Einfluss und die Wirkungen von Konzepten des Yoga und der indischen Philosophie auf die Führungsriege des Nationalsozialismus.

Mit welchen altindischen Schriften und deren Interpretationen durch deutsche Philosophen sowie Indologen aus Österreich und Deutschland haben sich Adolf Hitler, Heinrich Himmler, Alfred Rosenberg und Walther Wüst befasst?

Wesentliche Grundpfeiler des Nationalsozialismus sind lange vor 1933 in der Öffentlichkeit ausgebreitet, diskutiert und auch goutiert worden. Etliche Jahre vor der nationalsozialistischen Bewegung, die sich 1920 konstituierte, gab es Vorläufer, Ideengeber und geistige Brandstifter.

Unter den Wissenschaftlern unterschiedlicher Disziplinen bestand oftmals Konsens in Bezug auf Rassenunterschiede, Rassenhierarchie und Rassenreinheit sowie Grundgedanken der Euthanasie. Diese weit verbreiteten Auffassungen ebneten den Weg für eine rigorose Politik, die das zuvor Gesagte und Geschriebene keineswegs missbrauchte, wie oft und gern behauptet wird, sondern die deutlich formulierten Thesen von der Überlegenheit der Arier, der Minderwertigkeit aller Juden und der Konzepte zur Wahrung von Erbgesundheit um- und durchsetzte.

Hinsichtlich der Philosophie lässt sich ein roter Faden von Arthur Schopenhauer über Friedrich Nietzsche und Houston Stewart Chamberlain zu Alfred Rosenberg, Heinrich Himmler und Adolf Hitler ziehen, der die eigene Lektüre als »granitenes Fundament« seiner Weltanschauung bezeichnete. Einen nachweislich starken Einfluss auf Hitlers Politik hatten zudem der amerikanische Rechtsanwalt Madison Grant und eine Reihe angesehener Indologen.

Was all diese Denker verband und wie es dazu kommen konnte, dass ausgerechnet in einem Beitrag im »Völkischen Beobachter« über Albert Schweitzer, dessen Name für »Ehrfurcht vor dem Leben« steht, der stets unter Anspannung stehende »Führer« Adolf Hitler zum Yogi stilisiert wurde, das ist das Thema des vorliegenden Buches.

Es soll zudem beantwortet werden, wie es zu all den Verbrechen kommen konnte, ohne dass die verantwortlichen Politiker und Befehlsgeber dabei Skrupel empfanden.

Anstatt über Himmlers Betonung der »Anständigkeit« der Waffen-SS erstaunt zu sein, werden die Gründe für diesen wiederholt geäußerten Anspruch beleuchtet.

Welche Bewandtnis hatte es mit dem Anspruch, selbst bei einem blutigen Gemetzel »anständig geblieben zu sein«? Was legitimierte die führenden Köpfe des Nationalsozialismus, fortlaufend Gewalt anzuordnen, auszuüben und Millionen Menschen ins Unglück bzw. in den Tod zu stürzen? Wodurch konnten sie dennoch ein reines Gewissen haben bzw. dies behaupten?

Wer lieferte Jahre und Jahrzehnte zuvor die Ideen und das Fundament der Ideologie des Nationalsozialismus? Was waren die Präferenzen in Bezug auf Schriften des indischen Altertums? Welches Verständnis von Yoga herrschte seinerzeit vor? Machte sich Hitler mit dem Sonnengruß fit und war er tatsächlich ein Asket, der sich vegetarisch ernährte?

Das Sanskritwort Yoga taucht erstmalig im Rig-Veda, einer Kompilation von 1028 Hymnen auf. Sie wurde um 1500 bis 1000 v. Chr. verfasst, allerdings erfolgte die Weitergabe über viele Generationen mündlich, handschriftliche Abhandlungen gab es erst ab dem 14. Jahrhundert. Der Begriff Yoga meint dort, und bereits dies ist ganz im Sinne der Nationalsozialisten, einen Aufbruch: Die Pferde wurden angeschirrt, um in den Kampf zu ziehen oder die nächste Siedlung zu überfallen. Sich danach wieder niederzulassen wurde mit dem Wort *kshema* bezeichnet.[1]

Erst Jahrhunderte später wurde mit dem Wort Yoga eine innere Haltung bzw. Ausrichtung benannt, bei der die Gedanken »angeschirrt« und der Geist fokussiert wurde. Die Sinne von der Außenwelt zurückzuziehen, sich darauf zu konzentrieren, was einem durch den Kopf geht und dieses Gedankenkreisen und Kopfkino zum Stillstand zu bringen, das verstand man lange Zeit unter Yoga. Es war eine geistige Technik, die den Männern der Priesterkaste (*brahmanen*) vorbehalten blieb. Man bezeichnete sich in den Veden selbst als *arya* (arisch) und die anderen als *anârya* (unarisch). Aus dieser Polarität entwickelte sich später das komplexe Kastensystem, wonach Menschen per Geburt in hoch- oder minderwertig eingeteilt werden und entsprechende Berufe auszuüben haben.

Bei Schopenhauer und Nietzsche wird aus der Polarität von arisch versus nichtarisch die Gegenüberstellung arisch versus jüdisch. Das »Christentum aus jüdischer Wurzel« bezeichnete Nietzsche gar als »antiarische Religion«.

Vor rund 2000 Jahren mündete die bisherige Yogaauffassung in einen Leitfaden mit 195 prägnanten Versen. Der Gelehrte Patanjali kompilierte zwischen 200 v. Chr. und 200 n. Chr. einen achtstufigen Yoga. Dem bislang vorliegenden drei- und vierstufigen Konzept fügte er zwei Stufen mit ethischen Voraussetzungen hinzu, zudem das aufrechte und bequeme Sitzen, die Atemregulation sowie eine abschließende achte Stufe als Zielaspekt. In der achten Stufe geht es um geistige Klarheit und das Freisein von Konditionierungen.

Das Endziel *samadhi* wird häufig mit »Erleuchtung« gleichgesetzt. Wahrscheinlich ist es ein Übersetzungsfehler. »Enlightenment« bedeutet nicht »Erleuchtung«, sondern Aufklärung und

1 Rig-Veda, Band 1, Verlag der Weltreligionen, 2007, Seite 433

Inspiration. Im übertragenen Sinne: »Licht ins Dunkel bringen«. Es sollte durch die Übungs- und Meditationspraxis möglich sein, die Dinge klar zu sehen, so wie sie sind, und sich nicht von jeder Emotion und Stimmung mitreißen zu lassen.

Um dort hinzugelangen, muss man in der Lage sein, längere Zeit aufrecht zu sitzen (*āsana*), die Atmung und damit die Lebensenergie zu regulieren (*prānāyāma*). Vorausgesetzt wurde ebenso ein ethisches, rücksichtvolles Verhalten. Der erste Wert der Ethik des Yoga war und ist *ahimsa*, das heißt: »ohne Gewalt«.

Wer Yoga praktiziert oder mit deren Grundlagen vertraut ist, wird erkennen, dass die Nationalsozialisten weder mit der Ethik des Yoga noch mit dem achtstufigen Yogakonzept des Yoga-Sutra von Patanjali etwas anfangen konnten. Das zu jener Zeit in verschiedenen deutschsprachigen Übersetzungen vorliegende Yoga-Sutra gehörte nicht zu den Präferenzen nationalsozialistischer Machthaber und deren Wegbereiter. Deren Bezug war und blieb die Deutung des Yoga, wie im Rig-Veda, in den Upanishaden[2] und insbesondere in der Bhagavad Gita dargelegt.

Die Bhagavad Gita ist ein Textauszug aus dem 18 Bücher umfassenden Epos Mahabharata. Es geht darin um eine kriegerische Auseinandersetzung und einen am Sinn des Krieges zweifelnden Heerführer. Dessen berechtigte Skepsis gegenüber dem Kriegsbeginn wird nach und nach vom »göttlichen« Wagenlenker zerstreut. Die komplexe und zum Teil widersprüchliche Indoktrination durch den »göttlichen« Krishna zeigt bei Arjuna, dem Heerführer der Pandava, schließlich Wirkung und führt zum Krieg.

Im Kontext dieser Agitation und Belehrungen werden zudem verschiedene Yogakonzepte angeführt. Beispielweise werden der Yoga der Erkenntnis (Jnana-Yoga), der Yoga der bedingungslosen Liebe zu Gott (Bhakti-Yoga) und der Yoga des uneigennützigen

2 Diese philosophisch-religiöse Textgruppe wird auch als Vedanta bezeichnet, also als »Ende des Veda«. Die Upanishaden lösen die Götterhymnen und Opferrituale der vorangegangenen Veda ab. Es werden existentielle Fragen erörtert, die den Mikro- und Makrokosmos, die Seele und das Universelle betreffen.

Gegenübergestellt: »Die Schönheit des indischen Mannes offenbart in diesem Bogenschützen … – … und seine abstoßende, gewollte Hässlichkeit bei diesem Sadhu, einem der zahllosen bettelnden Gaukler.« Aus »111 mal Indien«, 1942

Handelns (Karma-Yoga) vorgestellt. Zudem stammt aus der Bhagavad Gita der Satz, dass Yoga nur durch Yoga erkannt werden kann. So wie man Schwimmen nicht am Schreibtisch erlernen kann, ist das Wesen des Yoga nicht durch Erörterungen zu erfassen.

Jene Vertreter des nationalsozialistischen Regimes, die sich mit der Bhagavad Gita befassten, sahen darin in erster Linie eine Legitimation für Gewalt und Krieg. Sie machten sich die Indoktrination des Gottes Krishna zu eigen, wonach die Pflichterfüllung an erster Stelle zu stehen hat. Und wegen der hohen Bedeutung der Pflichterfüllung war der Krieger für seine Taten nicht verantwortlich und die Körper der Getöteten nur bedeutungslose Hüllen, deren »Wesenskern« unzerstörbar blieb. So eine der zentralen Aussagen der Bhagavad Gita.

Im körperorientierten Hatha-Yoga, der sich erst im Mittelalter herausbildete und unter Nationalsozialisten als »niedere Form« des Yoga verpönt war, ist einzig die Yoga-Haltung des »Kriegers« eine

Reminiszenz an die hohe Wertschätzung für den gewaltbereiten Helden, der seiner Pflicht nachkommt.[3]

In dem 1942 veröffentlichten Buch »111 mal Indien«[4] findet sich eine Gegenüberstellung dessen, was in Übereinstimmung mit der Ideologie des Nationalsozialismus volle Zustimmung erfuhr und was in Bezug auf Yoga und indische Philosophie offiziell verpönt war.

Von diesem Yogaverständnis und den entsprechenden Präferenzen ist auszugehen, wenn man die Wegbereiter und führenden Köpfe des Nationalsozialismus und deren Bezugnahme auf Yoga und indische Philosophie betrachtet. Deren selektive Auswahl aus einem breiten Spektrum an Quellen und Ansätzen des Yoga gehört zu jeder fundierten Ausbildung zur Yogalehrerin bzw. zum Yogalehrer. Die wesentlichen Aussagen des Rig-Veda, der Upanishaden und der Bhagavad Gita gehören ebenso zu den Grundkenntnissen der Yogalehrenden wie die Kenntnis des Yoga-Sutra und der Hatha-Pradipika, mit denen die Nationalsozialisten nichts anfangen konnten, worauf ich später näher eingehen werde.

Welchen Stellenwert die verschiedenen klassischen Texte der Yogaliteratur und die mit ihr eng verknüpfte indische Philosophie in der deutschen Geschichte hatten, sollte künftig zum Unterrichtsprogramm der Yogaschulen gehören, insofern diese Yogalehrer und Yogalehrerinnen ausbilden.

---

3 In seinem Standardwerk »Licht auf Yoga« zitiert B. K. S. Iyengar auf Seite 61 aus »Die Geburt des Kriegsgottes«. Es ist das Intro zur Grundhaltung *Virabhadrāsana, was mit Heldenhaltung oder Haltung des Kriegers übersetzt wird.*

4 Rolf Roeingh, 111 mal Indien. Das Land der Veden und Wunder in 111 Lichtbildseiten und 33 Stichen, Deutscher Archiv-Verlag, Berlin, 1942

1.1 Arthur Schopenhauer (1788–1860)

Der Philosoph Arthur Schopenhauer (1788–1860) hatte nicht nur Kenntnis, sondern zudem eine ausgeprägte Affinität zur indischen Kultur und Philosophie. Er bezog sich jedoch ausschließlich auf Schriftstücke aus und über Indien, persönlich war er nie dort.

Durch den Historiker und Orientalisten Friedrich Majer (1771–1818), einem Schüler von Johann Gottfried Herder, wurde Schopenhauer auf das indische Altertum aufmerksam und vom indischen Denken stark beeinflusst. Von den Upanischaden erfuhr Schopenhauer im Winter 1813/1814 durch Majer. Von da an »sah Schopenhauer Indien im verklärten Lichte«, schrieb der Indologe Helmuth von Glasenapp in seinem Buch »Das Indienbild deutscher Denker«. Dort würde, so Schopenhauer, die »Wiege der Menschheit« stehen, oder zumindest die Wiege »wenigstens der Rasse, welcher wir angehören«.[5]

Für Schopenhauer waren die Inder »das edelste und älteste Volk« und deren Bauwerke wären »auf mehrere Jahrtausende berechnet, weil ihr Gesichtskreis, durch höhere Bildung ein weiterer war (als der europäische).«[6]

Schopenhauers »Ansichten über die indische Geschichte tragen durchaus das Gepräge einer Zeit, in der man das Alter indischer Texte und Altertümer maßlos überschätzte«, schreibt von Glasenapp weiter. Den »Gangeskontinent« kannte Schopenhauer ausschließlich aus übersetzten Schriften. In seiner Bibliothek, deren Bestand Eduard Grisebach mit dem Buch »Edita und Inedita« 1888 erfasst hat, befanden sich Dutzende Schriften des Veda und Vedanta[7] sowie die von August Wilhelm Schlegel 1823 herausgegebene Ausgabe der Bhagavad Gita in lateinischer Übersetzung.

---

5 Glasenapp, Indienbild deutscher Denker, Seite 71

6 Glasenapp, Das Indienbild deutscher Denker, Seite 70

7 Veda (Sanskrit, »Wissen«) bezeichnet die älteste religiöse Textgruppe Indiens. Vedanta, Ende der Veda, ist ein philosophisch-religiöses System, identisch mit den Upanishaden, der Sammlung der Schriften jenes Systems

Bis heute wird die Begeisterung Arthur Schopenhauers für die Upanishaden hervorgehoben. Über deren Lektüre schrieb er selbst Folgendes:

»Denn, wie athmet doch der Oupnek'hat durchweg den heiligen Geist der Veden! [...] Wie ist doch jede Zeile so voll fester, bestimmter und durchgängig zusammenstimmender Bedeutung! Und aus jeder Seite treten uns tiefe, ursprüngliche, erhabene Gedanken entgegen, während ein hoher und heiliger Ernst über dem Ganzen schwebt. Alles athmet hier Indische Luft und ursprüngliches, naturverwandtes Da-seyn. Und o, wie wird hier der Geist rein gewaschen von allem ihm früh eingeimpften jüdischen Aberglauben und aller diesem fröhnenden Philosophie! Es ist die belohnendeste und erhebendeste Lektüre, die (den Urtext ausgenommen) auf der Welt möglich ist: sie ist der Trost meines Lebens gewesen und wird der meines Sterbens seyn.«[8]

Häufig wird dieses Plädoyer verkürzt wiedergegeben und der Satz zum »früh eingeimpften jüdischen Aberglauben« weggelassen. Doch nur die vollständige Passage macht deutlich, dass Schopenhauer Mitte des 19. Jahrhunderts polarisierte, indem er die von ihm hoch geschätzte indische Philosophie und die Religionen Indiens undifferenziert und schwärmerisch guthieß, während er zugleich alles Semitische abwertete. Antisemitische Äußerungen Schopenhauers finden sich an mehreren Stellen in seinen Werken. Kein Wunder, dass Hitler Schopenhauers verächtlichen Kommentar übernahm, wonach die Juden »Auswurf der Menschheit – aber große Meister im Lügen« seien.[9]

Zu all den drastischen antisemitischen Äußerungen hat Schopenhauer niemand »verleitet«, wie Andreas Hansert in »Schopenhauer im 20. Jahrhundert« meint[10], und es ist auch kein »Missbrauch« durch die Nationalsozialisten, denn Schopenhauer hat sich nun einmal sehr deutlich derart despektierlich geäußert.

8 Schopenhauer: Parerga und Paralipomena, 1851, Band 2, im Kapitel »Einiges zur Sanskritliteratur«, Seite 329

9 Schopenhauer, Parerga II, Seite 378f.

10 Hansert, Schopenhauer, Seite 54

Arthur Schopenhauer, Portrait von Johann Schäfer

Dass es im Werk Schopenhauers auch eine »Mitleidsethik« gibt, steht auf einem anderen Blatt. Diese »Mitleidsethik« hielt ihn wiederum nicht davon ab, gegen seine Nachbarin handgreiflich zu werden, weil diese sich mit Freundinnen im Eingangsbereich seiner Wohnung aufhielt, der »Meister« jedoch ungestört sein wollte. Wegen vorsätzlicher Körperverletzung wurde Schopenhauer 1827 zu einer hohen Geldstrafe verurteilt.[11]

Was Schopenhauer in Bezug auf Indien und indische Philosophie so begeisterte und wovon er schwärmte, fand er ausschließlich im Vedanta, den er als »Frucht der höchsten menschlichen Erkenntniß und Weisheit« kennzeichnete,

»deren Kern in den Upanischaden uns, als das größte Geschenk dieses Jahrhunderts, endlich zugekommen ist, auf mancherlei Weise ausgedrückt, besonders aber dadurch, daß vor den Blick des Lehrlings alle Wesen der Welt, lebende und leblose, der Reihe nach vorübergeführt werden und über jedes derselben jenes zur

11 Safranski, Schopenhauer und die wilden Jahre der Philosophie, Seite 405

Formel gewordene und als solche die Mahavakya genannte Wort ausgesprochen wird: Tatournes, richtiger tat tvam asi, welches heißt: ›dies bist du‹.«[12]

Diesen Ausspruch, der sowohl in Indien als auch im Westen in den Yogaschulen mit einem affirmativen Bezug zum Vedanta bzw. zum Hinduismus nach wie vor vermittelt wird, zitierte Schopenhauer aus dem ersten Band des »Oupnek'hat« (S. 60f.), einer Sammlung von fünfzig Upanishaden, die Prinz Mohammed Darashekoh, Sohn des Moghulkaiser Shah Jehan, Mitte des 17. Jahrhunderts ins Persische übersetzen ließ.

Diese »Oupnek'hat«[13]-Ausgabe wurde von Anquetil Duperron, einem französischen Gelehrten und Orientalisten, ein Jahrhundert später ins Lateinische übersetzt. Eine deutsche Übersetzung davon erschien 1882 im Dresdner Commisions-Verlag mit dem Untertitel: »Die aus den Veden zusammengefasste Lehre von dem Brahm«.

Auf Yoga nahm Schopenhauer nur einmal direkt Bezug mit einem Satz, der ebenfalls in »Parerga und Paralipomena« zu finden ist, ein Werk, dessen altgriechischer Titel anzeigt, dass es sich um »Nebenwerke« und »Nachträge« handelt. Darin heißt es:

»Am besten versteht es der Yogui oder Saniassi, welcher methodisch sich zurechtsetzend, alle seine Sinne in sich zurückzieht, die ganze Welt vergißt und sich dazu: – was alsdann noch in seinem Bewusstsein übrig bleibt ist das Urwesen. Nur daß die Sache leichter gesagt, als getan ist.«[14]

Zumindest sehr ähnlich äußert er sich nochmals im »Parerga und Paralipomena«, im 14. Kapitel des zweiten Bandes, das mit »Nachträge zur Lehre von der Bejahung und Verneinung des Willens zum Leben« überschrieben ist:

»Der innere Geist und Sinn des ächten Klosterlebens, wie der Askese überhaupt, ist dieser, daß man sich eines bessern Daseyns, als unseres ist, würdig und fähig erkannt hat und diese Ueberzeugung dadurch bekräftigen und erhalten will, daß man was diese

12 Schopenhauer, Die Welt als Wille und Vorstellung, Seite 726

13 Persisch für *Upanishad*

14 Schopenhauer: Sämtliche Werke, Band 6, Seite 432

Welt bietet verachtet, alle ihre Genüsse als werthlos von sich wirft und nun das Ende dieses, seines eitlen Köders beraubten Lebens mit Ruhe und Zuversicht abwartet, um einst die Stunde des Todes, als die der Erlösung, willkommen zu heißen. Das Saniassithum hat ganz die selbe Tendenz und Bedeutung.«[15]

Diese Beschreibung trifft im Kern ebenso auf den klassischen Yoga und dessen asketische Traditionen zu. Hierzu passt die Feststellung des Indologen Helmuth von Glasenapp, wonach das philosophische System Schopenhauers in »einigen Punkten mit der Philosophie des ›Yogavassishta‹ übereinstimmt.«[16]

Das bedeutet, dass Schopenhauer sich durchaus auf Konzepte des Yoga bezieht, auch wenn er dafür nicht den Begriff Yoga verwendet, sondern von Askese und »Saniassithum« (sanskrit: *sannyâsa*, Entsagung, Aufgabe aller Bindungen an irdische Dinge) schreibt oder davon, dass die guten Werke sowie soziales Engagement und der Besuch heiliger Orte gegenüber asketischer oder spiritueller Lebensweise an Bedeutung verlieren, wie in folgender Aussage:

»Bei jedem Opfer, das man Andern bringt, erweitert man sein Daseyhn auf die Gattung, – wenn auch vor der Hand nur auf einen Theil derselben, den man eben vor Augen hat. Die Verneinung des Willens zum Leben allererst tritt aus der Gattung heraus; daher die Lehrer der Askese, nachdem man diese übt, die guten Werke als überflüssig und gleichgültig betrachten...[17]

Schopenhauer scheute sich nicht, immer wieder seine Schwärmerei für Indien und klassische indische Schriften kundzutun. Anteil daran hatte sicher auch der mit ihm befreundete Philosoph Karl Christian Krause (1781–1832), der 1815 bis 1817 in Dresden neben Schopenhauer in der Meißnerischen Gasse wohnte. Krause war ebenfalls ein Indien-Enthusiast, beherrschte jedoch (im Gegensatz zu Schopenhauer) Sanskrit und praktizierte Yoga sowie Meditation.

---

15 Ebd., Seite 265

16 Von Glasenapp, Das Indienbild, Seite 97

17 Aus Arthur Schopenhauers handschriftlichem Nachlass, 1864, Seite 424

»Krause war damals der einzige, der nicht nur, wie die Romantiker, indische Philosophie- und Religionsfragmente den eigenen kühnen Spekulationen einverleibte, sondern der versuchte, die indische Tradition einer existentiellen Praxis zuzuführen.«[18]

In seinem vorläufigen Fazit erwies sich Schopenhauer als Visionär einer noch fortdauernden Entwicklung. Seine nachfolgend aus dem ersten Band von »Die Welt als Wille und Vorstellung« zitierte Prognose ist mittlerweile dahingehend eingetroffen, dass die Veden und der Vedanta sowohl in Indien als auch außerhalb des indischen Subkontinents einen hohen Stellenwert haben:

»Nie hat ein Mythos und nie wird einer sich der so Wenigen zugänglichen, philosophischen Wahrheit enger anschließen, als diese uralte Lehre des edelsten und ältesten Volkes, bei welchem sie, so entartet es auch jetzt in vielen Stücken ist, doch noch als allgemeiner Volksglaube herrscht und auf das Leben entschiedenen Einfluss hat, heute so gut, wie vor vier Jahrtausenden.«[19]

Josef Goebbels hielt 1943 eine längere Ausführung von Hitler fest, in der jener seine Meinung über die von ihm verehrten Philosophen kundtat: Kant, Schopenhauer und Nietzsche.

Wörtlich gab Goebbels ein Statement Hitlers zu Schopenhauer und Nietzsche wie folgt wieder. Nietzsche »sieht zwar die Schäden der Welt und des menschlichen Geschlechts, aber er folgert daraus die Forderung des Übermenschen, (…) Deshalb ist Nietzsche unserer Auffassung natürlich viel näher als Schopenhauer, so sehr wir [Nationalsozialisten, d. A.] Schopenhauer im einzelnen schätzen mögen. (…) Das menschliche Leben ist Angelegenheit eines steten Auslesekampfes. Wer nicht kämpft, wird dabei zugrunde gehen.«[20]

Andreas Hansert, der Autor des Buches »Schopenhauer im 20. Jahrhundert«, zieht am Ende des Kapitels über die »Kontroverse Schopenhauer-Rezeption bei Hitler und Rosenberg« das Fazit, dass es keinen Zweifel geben kann an der Wertschätzung, die Hitler

18 Safranski, Schopenhauer und die wilden Jahre der Philosophie, Seite 303
19 Schopenhauer, Die Welt als Wille und Vorstellung, Seite 729
20 Hansert, Schopenhauer im 20. Jahrhundert, Seite 97f.

Schopenhauer entgegenbrachte, trotz der selektiven Oberflächlichkeit, die man Hitler bescheinigen muss.

Demgegenüber hat sich der Politiker und führende Ideologe des Nationalsozialismus Alfred Rosenberg wesentlich gründlicher mit Schopenhauer befasst, was er während der Vernehmung beim Nürnberger Kriegsverbrecherprozess am 15. April 1946 auch so zu Protokoll gab. Siehe den Abschnitt über Rosenberg, Seite 113.

In seinem sich an Chamberlains »Die Grundlagen des neunzehnten Jahrhunderts« anlehnenden »Mythus des 20. Jahrhunderts« setzt sich Rosenberg ausführlich mit Schopenhauers Anschauungen auseinander und zieht abschließend folgendes Fazit:

»Schopenhauer selbst habe bekannt, das Höchste, was ein Mensch erreichen könne, sei ein ›heroischer Lebenslauf‹.« Das, so Rosenberg abschließend in einer bemerkenswerten Wendung, »ist ein nordisches Bekenntnis, wie es schöner nicht gefunden werden kann. Und deshalb ist auch Artur Schopenhauer – unser.«[21]

1.2 Richard Wagner (1813–1883)

Den Komponisten Richard Wagner schätzte Adolf Hitler wegen dessen Opern, dessen Weltanschauung war ihm ebenfalls nahe. In seiner Bibliothek in der Villa Wahnfried in Bayreuth hatte Wagner nicht nur etliche Schriften der indischen Geisteswelt, wie den Rigveda, die Upanischaden, das Ramayama, die Bhagavad Gita und »Buddha. Sein Leben, Seine Lehre, Seine Gemeinde« von Hermann Oldenberg. Er las diese Bücher auch, beschäftigte sich mit dem Inhalt und ließ dies partiell in sein kompositorisches Schaffen einfließen. Einen Tag vor seinem Tod äußerte er den Wunsch, seinen Lebensabend auf Ceylon zu verbringen.

Der schwedische Indologe Carl Suneson hat sich ausführlich und argumentativ überzeugend mit dem Einfluss indischer Schriften und Anschauungen des Hinduismus und Buddhismus auf Richard

21 Ebd., Seite 102

Richard Wagner, Paris, 1861

Wagner befasst und dies in seiner Studie »Richard Wagner und die indische Geisteswelt« zusammengefasst.[22]

Inspiriert von indischer Religion und Philosophie

Suneson beschreibt zum einen Wagners Indienbild und zum anderen, wie sich die Lektüre klassischer indischer Schriften und die daraus resultierende Indien-Romantik in Wagners Musikdramen niederschlägt, was am deutlichsten bei dem 1856 konzipierten, aber unvollendeten Prosaentwurf zu dem indischen Musikdrama »Die Sieger« und bei der Oper »Parzifal« nachzuweisen ist.

22 Carl Suneson, Richard Wagner und die indische Geisteswelt, E. J. Brill, Leiden, 1988

Die Prosaskizze zu »Die Sieger« findet sich in »Nachgelassene Schriften und Dichtungen, Leipzig 1895, Seite 161f. und in »Sämtliche Schriften und Dichtungen«, Band 11, Seite 325.

Im Mittelpunkt stehen der Buddha (*Chakya-Muni*), Ananda, das ›Tschandalamädchen‹ Prakriti und deren Mutter sowie Brahmanen und Jünger des Buddha. Prakriti liebt Ananda und sucht Beistand bei Buddha, der das Kastensystem kritisiert und sowohl Prakriti als auch Ananda gegen die Angriffe der Brahmanen beisteht.

Zur Oper »Parsifal« stellt Suneson folgendes fest: »Meiner Ansicht nach ist der Parsifal dasjenige von Wagners vollendeten Musikdramen, in dem der indische Einfluß am deutlichsten nachweisbar ist.«[23] Dies führt er auf mehreren Seiten im Detail aus und weist die Bezüge zur indischen Tradition und indischem Denken in »Parsifal« nach.

Walther Wüst kommt 1939 in seiner Rede über »Deutsche Frühzeit und arische Geistesgeschichte«[24] zu dem gleichen Ergebnis: »Richard Wagner, dessen ›Parsifal‹ ja auf Umwegen aus einer mahâyânabuddhistischen Legende des Erzählwerkes Divyâvadâna geschöpft ist…«[25]

Die Kenntnis Richard Wagners von Grundbegriffen des Yoga und der indischen Philosophie sowie die Auseinandersetzung mit deren Bedeutung wird auch durch einen Tagebucheintrag von Cosima Wagner, der Ehefrau des Komponisten, vom 22. November 1873 deutlich: »Nachher lange mit R. über die Inder gesprochen, Verhältnis der Sankhja-Philosophie zu dem Vedanta (Letzteres Religion, ersteres eben Philosophie).«[26]

Selbstverständlich bezog sich Wagner auch auf Schopenhauer und Nietzsche, zog jedoch andere Schlussfolgerungen aus seiner eigenen Lektüre indischer Schriften und teilte den Pessimismus beziehungsweise Nihilismus der beiden Philosophen nicht.

23 Ebd., Seite 88

24 Veröffentlicht in Walther Wüst, Indogermanisches Bekenntnis, 1942

25 Ebd., Seite 40

26 Cosima Wagner, Die Tagebücher 1, Seite 755

Das Abstoßende bei Wagner: Seine Schrift »Das Judentum in der Musik«

Anders als Schopenhauer formulierte Richard Wagner seine Abscheu gegenüber Juden (dezidiert) ausführlich und rhetorisch zugespitzt. Dies wird besonders in seiner Schrift »Das Judentum in der Musik« deutlich. Er veröffentlichte dieses Pamphlet 1850 zunächst unter dem Pseudonym K. Freigedank, in erweiterter Fassung und unter seinem Namen nochmals 1869.

Wagner erklärt gleich zu Beginn, worauf es ihm ankommt, nämlich auf »die unbewußte Empfindung, die sich im Volke als innerlichste Abneigung gegen jüdisches Wesen kundgibt, zu erklären, somit etwas wirklich Vorhandenes deutlich auszusprechen.«[27]

Seinen eigenen, von Ressentiments geprägten Antisemitismus steigert er in eine allgemeine Auffassung, weshalb er seine Abscheu in Wir-Sätzen formuliert: »Bei allem Reden und Schreiben über Judenemanzipation fühlten wir uns bei wirklicher, tätiger Berührung mit Juden von diesen stets unwillkürlich abgestoßen. (...) Wir haben uns das unwillkürlich Abstoßende, welches die Persönlichkeit und das Wesen der Juden für uns hat, zu erklären.«[28]

So geht es Seite für Seite, in Schleifen ständiger Wiederholungen und Variationen der immer gleichen Abscheu allem Jüdischen gegenüber, entsprechend voller Redundanz und geprägt von Geschwätzigkeit. Oft werden bescheidene Gedanken maßlos in die Länge gezogen, was auch für einen Teil seiner Opern charakteristisch ist. Richard Wagner spricht den Juden nicht nur generell und pauschal jede Fähigkeit ab, sich künstlerisch zu betätigen und an der europäischen Zivilisation teilzunehmen, er spricht ihnen zudem jeden menschlichen Ausdruck, letztendlich alles Menschliche ab.

Wagner diffamierte exemplarisch für seinen hemmungslosen Antisemitismus die Komponisten Felix Mendelssohn Bartholdy und Giacomo Meyerbeer. Dabei hatte er Giacomo Meyerbeer einst bewundert und dieser hatte Wagner auch finanziell unterstützt.

---

27 Richard Wagner, Das Judentum in der Musik, 1869, Seite 7
28 Ebd., Seite 8

Möglicherweise war da doch ein Rest Schamgefühl bei Wagner, dass er in seiner antisemitischen Polemik seinen in jungen Jahren verehrten Gönner Meyerbeer nicht beim Namen nennt, sondern ihn als »weit und breit berühmter jüdischer Tonsetzer unserer Tage«[29] bezeichnet. Für ihn ist dieser Abschnitt eine »Rechtfertigung unseres unüberwindlichen Widerwillens gegen jüdisches Wesen«.[30]

In seiner Unfähigkeit, sich auf sein Thema (»Das Judentum in der Musik«) zu konzentrieren und angetrieben von seinem Hass auf alles Jüdische, kommt Wagner nach einem Abschnitt über die »innere Lebensunfähigkeit« der Juden, die er als »wimmelnde Viellebigkeit von Würmern« bezeichnet, auf den Dichter Heinrich Heine und den Publizisten Ludwig Börne zu sprechen.

Abschließend wendet er sich direkt an die Juden, die Menschen werden könnten, wenn sie endlich »aufhören, Jude zu sein.« Dem folgt ein hanebüchener Apell: »Nehmt rücksichtlos an diesem, durch Selbstvernichtung [sic!] wiedergebärenden Erlösungswerke teil, so sind wir einig und ununterschieden! Aber bedenkt, daß nur eines eure Erlösung von dem auf euch lastenden Fluche sein kann: die Erlösung Ahasvers, – der Untergang!«[31]

Wie dieser Untergang aussehen könnte, hat Cosima Wagner in ihrem Tagebuch am 18. Dezember 1881 festgehalten: »Er [ihr Ehemann, Richard Wagner] sagt im heftigen Scherz, es sollten alle Juden in einer Aufführung des ›Nathan‹ verbrennen.«

Hitler war von Wagners polemischen Hetzschrift so sehr angetan, dass er einzelne Passagen nahezu wörtlich in seinen Reden verwendete.

Wagners Weltbild in Fortsetzung innerhalb der Familie

Wagners Schwiegersohn Houston Stewart Chamberlain setzte beiden Linien fort. Er befasste sich mit der indischen Geisteswelt

29 Ebd., Seite 28
30 Ebd., Seite 30
31 Ebd., Seite 34

und entwickelte eine Rassenideologie, die stark antisemitisch geprägt war. Die Polemik seines Schwiegervaters gegen Heinrich Heine griff Chamberlain auf und fand drastische Worte für seine Abscheu. Siehe Seite 45.

Sowohl die Affinität zur altindischen Geisteswelt als auch die antisemitische Rassenideologie kommen unter anderem in dem umfangreichen Briefwechsel zwischen Wagners Ehefrau Cosima und dem Schwiegersohn Houston Stewart Chamberlain zum Ausdruck.

Am 26. März 1899 nimmt Cosima Wagner ausführlich Bezug auf einen Vortrag von H. St. Chamberlain über »Richard Wagners Philosophie« und verweist auf dessen Schrift »Erkenne dich selbst«, wo »uns ein Ausblick auf die Möglichkeit des Schwindens der Juden durch unsere eigene Reinigung eröffnet wird«.[32] Sie zieht dort zugleich eine Parallele zu Gobineaus[33] Ansicht von den Rassen.

Im Kern findet sich in diesem veröffentlichten Briefwechsel eine ähnliche Konstellation wie schon bei Schopenhauer: Einerseits die Begeisterung für den Vedanta und einzelne Verse der aus dem Sanskrit übersetzten altindischen Upanishaden und der Bhagavad Gita, andererseits die Aversion gegenüber allem Jüdischen.

Angesichts dieser Vorgeschichte wundert es nicht, dass Winifred Wagner, Schwiegertochter von Richard Wagner und Ehefrau des Sohns Siegfried, seit 1923 eine enge persönliche Freundin von Adolf Hitler war und ab 1926 Mitglied der NSDAP. Sie unterstützte Hitler von Beginn des Kennenlernens an. Ihre Kinder nannten Hitler liebevoll »Onkel Wolf«. Von 1930 bis 1944 leitete Winifred Wagner die Bayreuther Festspiele und rückte von ihrer Bewunderung für Hitler bis zum Lebensende nicht ab. Ab 1933 war Hitler Dauergast der Bayreuther Festspiele und in jeder Beziehung ein Bewunderer Richard Wagners, wozu er sich in »Mein Kampf« bekannte.

---

32 Cosima Wagner und Houston. St. Chamberlain im Briefwechsel, Seite 558, Hg. von Paul Pretzsch

33 Arthur de Gobineau (1816 bis 1882), französischer Diplomat und Schriftsteller, Mit-Begründer der Rassenideologie, insbesondere durch sein vierbändiges Werk »Versuch über die Ungleich der Menschenrassen« (1853/1855)

1.3 Friedrich Nietzsche (1844–1900)

Im Gefolge Schopenhauers bezog sich auch Friedrich Nietzsche (1844–1900) auf indische Geschichte und Philosophie. Und da Hitler und Rosenberg sich explizit zustimmend zu Nietzsche äußerten, waren Zeitungen und Zeitschriften zwischen 1933 und 1945 voll mit Beiträgen zum Philosophen des Willens zur Macht. Doch weshalb bzw. inwiefern passten die Ansichten des Philosophen Nietzsche zur Ideologie des Nationalsozialismus?

»Man muß dies nicht verwechseln: die Sudras, eine Dienstboten-Rasse: wahrscheinlich eine niedrigere Art Volk, welche vorgefunden wurde auf dem Boden, wo diese Arier Fuß faßten... Aber der Begriff Tschandala drückt die Degenerierten aller Kasten aus: die Auswurfstoffe in Permanenz, die wiederum unter sich sich fortpflanzen, wider sie redet der tiefste Instinkt der Gesundheit einer Rasse. Hier hart zu sein ist synonym mit ›gesund‹ sein: es ist der Ekel vor der Entartung, der hier eine Menge moralischer und religiöser Formeln findet... Nichts ist lehrreicher als die Bestandtheile dieses Auswurfs: – die alten feinen und tiefen Weisen haben gewußt, was man nicht gewußt hat – bis heute!!«[34]

Der Wortschöpfer des »Übermenschen«, der ab seinem 45. Lebensjahr ein Pflegefall war und mit 55 Jahren in Einsamkeit und geistig umnachtet starb, passte mit seinen zynischen und menschenverachtenden Anschauungen sehr wohl zur Führungsriege und zur Ideologie des Nationalsozialismus.

In Anlehnung an Schopenhauer schrieb Nietzsche 1881 in seinem Buch »Morgenröthe«:

»So vorgeschritten Europa auch sonst sein mag: in religiösen Dingen hat es noch nicht die freisinnige Naivität der alten Brahmanen erreicht, zum Zeichen, daß in Indien vor vier Jahrtausenden mehr gedacht wurde und mehr Lust am Denken vererbt zu werden pflegte als jetzt unter uns.«[35]

34 Fragmente XII, 1888, Seite 223
35 Morgenröthe, 1881, Erstes Buch, Seite 96

Friedrich Nietzsche

Auch seine Äußerungen zum Erkenntnisgewinn zeigen einen Bezug zu Indien.

»...die engen Mittel der Erkenntnis ›der ist beruhigt, bezähmt, entsagend, geduldig, gesammelt‹ die näheren: Vedastudium, Opfer, Almosen, Büßen, Fasten – ein Mittel zur Erreichung der Erkenntnis.« [36]

Was Nietzsche in seiner Schwärmerei unerwähnt lässt: Dieser Weg der Erkenntnis war lediglich den Brahmanen und deren Söhnen vorbehalten.

Wenn allein die Lektüre aus dem Sanskrit übersetzter Schriften indischer Klassiker, die über Jahrhunderte rein mündlich weitergegeben wurden, den eigenen geistigen Horizont bilden, so kommt es zu Eindrücken, die wenig mit der Realität bzw. dem Alltag auf

36 Fragmente VII, 1883, Seite 34

dem indischen Subkontinent zu tun haben, zumal es allein zwischen dem Süden und dem Norden Indiens gravierende Unterschiede gibt. Doch Nietzsche kannte die indische Gesellschaft nur vom Hörensagen bzw. aus dritter Hand, was zum folgenden Pauschalurteil führte, das keinem Faktencheck standhält:

»In Indien ist das Höchste Kontemplation, das Zweite Leben nach den Vorschriften der Kaste.«[37]

Als Nietzsche diesen Satz schrieb, war das Höchste für viele Millionen Inder, etwas zu essen zu bekommen, und das Zweithöchste, sich der britischen Kolonialmacht zu widersetzen und für die Unabhängigkeit einzutreten.

Ähnlich wie Schopenhauer beschrieb auch Nietzsche an manchen Stellen Konzepte des Yoga. Allerdings benutzte er nicht den Sanskritbegriff Yoga, aber er fasste etwas zusammen, was sich wie eine Umschreibung des Yogaweges liest. Hier ein Beispiel:

»Bei Gott ist kein Ding unmöglich, denkt der Christ. Aber der Inder sagt: bei Frömmigkeit und Wissenschaft des Veda ist kein Ding unmöglich: die Götter sind denen unterworfen und gehorsam.

Wo ist der Gott, der dem frommen Ernst und Gebet eines in den Wald zurückgezogenen Yati[38] widerstehen könnte? Wie ein Stein, den man in den See wirft, im Augenblick verschwindet, so tauchen die Sünden unter und verschwinden in der Wissenschaft des Veda.«[39]

Seine Kenntnis der Veden muss allerdings ausgesprochen oberflächlich gewesen sein. In den Veden bzw. im Veda werden vor allem die Götter Agni, Indra, Surya und Varuna gepriesen, kultisch verehrt und Opfersprüche aneinandergereiht. Das Rauschgetränk Soma spielte ebenso eine große Rolle wie das Töten oder Vertreiben der einheimischen Bevölkerung der Induskultur, die in Städten lebte und handwerklich sowie kulturell hochentwickelt war.

37 Fragmente V, 1884, Seite 130
38 Sanskritwort für Asket; einer, der der Welt entsagt
39 Fragmente XII, 1888, Seite 197

Das Gesetzbuch des Manu (Manusmriti)

1888 las Nietzsche die französische Übersetzung vom »Gesetzbuch des Manu«. In seinem Buch »Umwertung aller Werte« kommentierte er dessen Inhalt zustimmend.

Das Manusmriti (Manava-Dharma-Shastra) entstand zwischen 200 vor und 200 nach Chr. und somit im gleichen Zeitraum wie das Yoga-Sutra von Patanjali. Im Manusmriti geht es um Verhaltensregeln, wie das soziale Leben geregelt sein sollte. Dabei stehen Männer, die Kaste der Brahmanen und die indische Aristokratie im Vordergrund. Es ist eine der »wichtigsten Quellen der Rechts-, Sozial-, und Religionsgeschichte Indiens«,[40] schreibt der Indologe Alex Michaels in seiner Einführung zu dem von ihm neu übersetzten Werk. Allerdings spiegelt der Manusmriti-Text nicht die Wirklichkeit des alten Indiens wider, vielmehr handelt es sich um eine brahmanisch-sanskritisch geprägte Doktrin. Oder mit anderen Worten: »Manus Welt ist die Welt der vedischen Orthodoxie«.[41] Zu dieser Orthodoxie gehören das Glorifizieren der Kaste der Brahmanen, das Abwerten der Frauen, die auf eine Stufe mit Sklaven gestellt werden, und das Gebot der Reinheit in jeglicher Beziehung. Aus Sicht des Herausgebers und Übersetzers Alex Michaels ist es eine »im Grunde rassische Reinheitsideologie«.[42]

Da das Werk von zahlreichen Widersprüchen geprägt ist, finden sich trotz der eben genannten Schwerpunkte auch Verse, die sich an das Samkhya-System[43] und die Ethik des Yoga anlehnen. Dies wird besonders im abschließenden zwölften Kapitel deutlich. Unter dem Stichwort »Höchstes Glück« steht dort:

»Vedastudium, Askese, Wissen, Bezähmung der Sinnesorgane, Nichtverletzen von Lebewesen und Dienst am Guru sind die besten Mittel zum Glück. (…) Wer das Selbst in allen Wesen und alle

---

40 Manusmriti Manus Gesetzbuch, 2010, Seite 301, hg. Alex Michaels

41 Ebd., Seite 318

42 Ebd., Seite 312

43 Eines von sechs Philosophiesystemen Indiens. Die Dualität von Urnatur (prakriti) und geistigem Selbst (purusha) steht im Mittelpunkt.

Wesen im Selbst gleichermaßen sieht, opfert sein Selbst und geht zur Selbstherrschaft.«[44]

Diese beiden Verse (83 und 91) des zwölften Kapitels unterscheiden sich deutlich vom Inhalt der anderen Kapitel des Manusmriti und das zwölfte Kapitel weicht insgesamt deutlich vom übrigen Text ab.

Nietzsche las eine Manusmriti-Ausgabe des französischen Indologen und Konsuls von Kalkutta Louis Jacolliot, die 1876 erschien. Diese Manusmriti-Ausgabe kommentierte bereits der Indologe Johann Jakob Meyer in seinem 1927 erschienen Buch »Über das Wesen der altindischen Rechtsschriften und ihr Verhältnis zueinander und zu Kautilya«. Demgemäß handelt es sich bei dem »Gesetzbuch des Manu« um eine »Zusammenstoppelung aus vielfältigem Material, ja nicht selten aus den widersprüchlichsten Lehren über einen bestimmten Punkt. (...) Trotz vieler Schönheiten ist er nicht etwa ein Juwelenschrein, wie Nietzsche phantasiert, sondern eine Häcksellade, die Kraut und Rüben, Heu und Stroh in buntestem Gemisch zu Kurzfutter für die wiederkauende Gemeinde zusammenschneidet.«[45]

Die Schweizer Indologin Annemarie Etter hat die Rezeption des Manusmriti (Mhavadharmashastra) durch Nietzsche untersucht.[46] Was diesen an dem zentralen Text des Hinduismus besonders faszinierte, war das Kastenwesen, das er in einem geradezu verklärten Licht sah.

Nietzsches Manu-Lektüre hinterließ Spuren in seinen »Nachgelassenen Fragmenten«, wie auch in der »Götzen-Dämmerung« und im »Antichrist«, die Passagen aus dem Manusmriti enthalten.

Neben dem Kastensystem fesselte Nietzsche jene als »Tschandala«[47] bezeichnete soziale Randgruppe der Gesellschaft,

44 Ebd., Seite 272f.

45 J. J. Meyer, Über das Wesen...,1927, Seite 327

46 Annemarie Ettner, Nietzsche und das Gesetzbuch des Manu, in Nietzsche-Studien, Jahrbuch 1987, Band 16

47 Candala, ein Sanskritwort, das die Angehörigen der untersten Kaste bezeichnet und zugleich ein Schimpfwort ist

die er wiederholt mit allem Minderwertigen in Verbindung brachte und für die er einen Zusammenhang mit den Juden konstruierte. Dies wird besonders in einem Abschnitt der »Götzen-Dämmerung« deutlich, in dem er über den »Tschandala-Hass gegen die Humanität« sinniert:

»Das Christenthum, aus jüdischer Wurzel und nur verständlich als Gewächs dieses Bodens, stellt die Gegenbewegung gegen jede Moral der Züchtung, der Rasse, des Privilegiums dar: – es ist die antiarische Religion par excellence: das Christenthum die Umwerthung aller arischen Werte, der Sieg der Tschandala-Werthe, das Evangelium den Armen, den Niedrigen gepredigt, der Gesamt-Aufstand alles Niedergetretenen, Elenden, Missratenen, Schlechtweggekommenen gegen die Rasse«[48]. Nietzsche bezeichnet dies als »Tschandala-Rache«.

Annemarie Etter geht auch der Frage nach, weshalb Nietzsche ausgerechnet die pseudowissenschaftliche Publikation des antisemitischen Franzosen Louis Jacolliot mit Entstellungen und irreführenden Schlussfolgerungen auswählte, obwohl es doch andere und deutlich bessere Ausgaben gab. Für die Autorin dieses Aufsatzes scheint es die »Ironie des Schicksals« gewesen zu sein. Aus meiner Sicht war es eine gezielte Wahl, da der Inhalt und die tendenziösen Kommentare von Louis Jacolliot den bizarren und inhumanen Anschauungen Nietzsches entsprachen.

In puncto Abgrenzung und Polarisieren stand Nietzsche seinem Spiritus rector Schopenhauer nicht nach. Er bezeichnet die einst von Zentralasien kommenden, ins nördliche Gebiet Indiens einfallenden Reiternomaden, die sich Arya (Sanskrit: »edel geboren«, im Vokativ: »Herr!«) nannten, als eine »edle und weise [sic!] Herrenrasse«, obwohl sie weder edel noch weise waren. Es handelte sich um Gruppen kriegerischer Reiternomaden, Analphabeten allesamt. Die vier Betätigungsfelder: Raubzüge, um Beute machen, Saufgelage, kriegerische Auseinandersetzungen untereinander und dem Kriegsgott Indra rituell huldigen.

48 Zitiert nach Ettner, Seite 2

Resonanz und Rezeption

Die von Alfred Rosenberg geleitete Zeitschrift »Nationalsozialistische Monatshefte«, eine »Zentrale politische und kulturelle Zeitschrift«, widmete dem »Seher« und »Philosoph des Heroismus« im April 1934 zehn Seiten: »Nietzsche und der Nationalsozialismus«. Der Beitrag stammte von dem Philosophen und Pädagogen Alfred Baeumler (1887 bis 1968), der drei Jahre zuvor das Buch »Nietzsche, der Philosoph und Politiker« in Reclams Universalbibliothek veröffentlicht hatte und mehrere Werke von Nietzsche herausgab.

Baeumler bezeichnet Nietzsche als einen Propheten: »Er ist der einzige, seines Zeitalters in Deutschland, der den Boden vorher zittern gefühlt hat«.[49] Als Prophet und Seher hätte er erkannt und mit »unerbitterlicher Schärfe« bezeichnet, was dem Sieg eines Adolf Hitler über viele Jahre entgegenstand. Hierzu zählten die moderne Demokratie, die bürgerliche Welt und die »Neutralität der Gebildeten«.

Und in der für Nietzsche so charakteristischen Ausdrucksweise wird dessen Vision vom Untergang des bürgerlichen und demokratischen Deutschlands zitiert: »Dies alles ist reif für den Untergang, und was fällt, soll man noch stoßen.«[50]

Entsprechend abwertend äußerte sich Nietzsche auch gegenüber einem kontemplativen Leben und rühmte Luther, dass er mit diesem »vita contemplativa« endlich ein Ende gemacht habe.

Alfred Baeumler zog als NS-Philosoph folgendes Fazit: »Stark und deutlich erklingt die nordische Tonart des Kampfes und der Arbeit. Den Ton, mit dem wir diese Worte heute aussprechen, hören wir bei Nietzsche zuerst.«[51]

Der Papierkrieger Friedrich Nietzsche wertschätzte die Ethik des Kriegers, weshalb er die auf Nächstenliebe und Gewaltlosigkeit gegründeten Religionen ablehnte und meinte, diese diffamieren zu müssen. Entsprechend wurden die Ethik des Buddhismus, jene

49 Nationalsozialistische Monatshefte, Heft 49, April 1934, Seite 290.

50 Ebd.

51 Ebd., Seite 294

des Christentums und die bürgerliche Moralphilosophie von ihm durch eine Philosophie des Willens zur Macht ersetzt.

Wie müssen Hitler, Himmler, Goebbels und Göring von solchen wortstark vorgetragenen Visionen einer Umwertung aller bisherigen Werte angetan gewesen sein. Und Nietzsche beließ es nicht bei Andeutungen. Er formuliert scharf und unmissverständlich, was er erwartete:

»Die Gattung braucht den Untergang der Mißratenen, Schwachen, Degenerierten: aber gerade an sie wendet sich das Christentum, als k o n s e r v i e r e n d e Gewalt«.[52]

Dies schreibt einer, der seine eigenen Defizite und Schwächen konsequent ausgeblendet hat, zehn Jahre in geistiger Umnachtung gepflegt werden musste und mit 55 Jahren vereinsamt starb.

Was Nietzsche forderte und einklagte, war der Gegenentwurf zu seiner eigenen Person und Lebensweise. Er verlangte nach einer nordisch-männlichen Haltung und meint, dass dort, wo ständig Widerstände gebrochen werden müssen, der »höchste Typus« heranwächst. Doch welche Widerstände hat Friedrich Nietzsche je in seinem Leben gebrochen? Er konnte sich nicht einmal gegen seine ebenso dominante wie intrigante Schwester Elisabeth Förster-Nietzsche durchsetzen. Diese manipulierte den Nachlass ihres zwei Jahre älteren Bruders nach dessen Tod und beschädigte diesen durch zahlreiche Fälschungen.

Der Beitrag zum Verhältnis »Nietzsche und der Nationalsozialismus« endet mit einem Blick auf die deutsche Jugend, die gerade unter dem Zeichen des Hakenkreuzes marschiert. Diese Jugend habe Nietzsche in seinen »Unzeitgemäßen Betrachtungen« angerufen.

»Und wenn wir dieser Jugend zurufen: Heil Hitler! – so grüßen wir mit diesem Rufe zugleich Friedrich Nietzsche.«[53]

Hitler bewertete die Geistesverwandtschaft offenbar ähnlich, weshalb er 1934 für eine »Nietzsche-Gedächtnishalle« 50.000 Reichsmark aus »persönlichen Mitteln« spendete. Der Baubeginn war 1937, allerding wurden die Bauarbeiten zu Beginn des Krieges

52 Ebd., Seite 297
53 Ebd., Seite 298

eingestellt. Während des Zweiten Weltkrieges nutzte die Wehrmacht den unfertigen Bau, einige Räume dienten als Lager für Kunstwerke und den Hausrat ausgebombter Familien. Später übernahm der Rundfunk der DDR das Gebäude, nach der Wende der MDR, der 2000 auszog.

Anlässlich der Trauerfeier für Elisabeth Förster-Nietzsche reiste Hitler 1935 zum Nietzsche-Archiv nach Weimar. Drei Jahre zuvor hatte er Nietzsches Schwester bereits einen Strauß Rosen überreicht und im Gegenzug den Spazierstock von Friedrich Nietzsche geschenkt bekommen. 1944, zum 100. Geburtstag des Philosophen, hielt Alfred Rosenberg bei einer offiziellen Gedenkstunde die Ansprache. Siehe das Kapitel zu Alfred Rosenberg, Seite 113 ff.

1.4 Houston Stewart Chamberlain (1855–1927)

Dem »Seher« und »Propheten« eines Zeitalters mit ausgeprägtem Willen zur Macht folgte der »Seher des Drittes Reiches und des Führers Adolf Hitler«. Houston Stewart Chamberlain, als Sohn eines englischen Konteradmirals in Portsmouth geboren, wurde durch die Heirat mit Eva Wagner, der Tochter des Komponisten Richard Wagners, zu einem prominenten Kulturphilosophen in Deutschland, der sich in seinen ersten Veröffentlichungen mit den Werken des Komponisten Richard Wagner befasste.

Neben dem von ihm verehrten Richard Wagner war sein zweiter geistiger Bezugspunkt der Philosoph Arthur Schopenhauer.

Im Briefwechsel mit Cosima Wagner, der Ehefrau Richard Wagners, schrieb Chamberlain am 22. Januar 1889 über Schopenhauer, dass er diesem auf transzendentalem Gebiet folgen könne, denn »hoch sitzt der große Mann dort, unter den Offenbarern der vielgestaltigen, ewigen Wahrheit – ein Prophet, ein Künstler. Ich verehre ihn und liebe ihn und danke ihm aus vollem Herzen!«[54]

54 Paul Pretzsch: Cosima Wagner und Houston Stewart Chamberlain im Briefwechsel 1888–1908, Ph. Reclam Leipzig, 1934, Seite 54

Houston Stewart Chamberlain

Damit markierte er auch seinen geistigen Bezug. Zu dieser Präferenz gehörten u.a. die Indologen August Wilhelm Schlegel, Paul Deussen und Leopold von Schroeder, wie er am 4. März 1900 in einem weiteren Brief an die »Hochverdiente Meisterin« festhielt. Im Jahr zuvor war sein Werk »Die Grundlagen des 19. Jahrhunderts« (1899) erschienen, das landesweit diskutiert wurde. Es erreichte dreißig Auflagen und es wurden bis zum Jahr 1915 insgesamt 100.000 Exemplare verkauft. Chamberlain bezieht sich darin auch auf die Upanishaden sowie auf den indischen Advaita-Philosophen Shankara und bindet beides in seinen Entwurf vom theoretischen Rassenantisemitismus ein.

Korrespondenz mit der »verehrten Meisterin« Cosima Wagner

Die innige Beziehung zwischen Cosima Wagner, Tochter des Komponisten Franz Liszt sowie Ehefrau des Komponisten Richard Wagner, und Houston Stewart Chamberlain ist in einem regen Briefwechsel der beiden aus den Jahren 1888 bis 1908 dokumentiert, der 1934 im Verlag Philipp Reclam jun., Leipzig, erschien und 720 Seiten umfasst.

Am 22. Januar 1889 schreibt Chamberlain aus Dresden nicht nur, wie sehr er Schopenhauer verehrt, sondern ebenso von seinem »liebevollen Versenken« in die zwölf wichtigsten Upanishaden und dem Studium von Auguste Barths »Religion de l'Inde« sowie Paul Deussens »Vedanta«. Am Ende des Briefes zieht er daraus die Schlussfolgerung, dass »der Begriff der Gnade mit der alten, echten brahmanischen Religion überhaupt unvereinbar«[55] ist.

Vier Jahre nach Erscheinen seiner »Grundlagen des 19. Jahrhunderts« schwärmte Chamberlain in einem am 12. Mai 1903 in Wien verfassten Brief an Cosima Wagner von Paira Mall, einem »Indo-Arier aus reinem Adel«, der sich für mehrere Wochen in Wien aufhielt und mehrfach mit Chamberlain zusammenkam.

Ganz im Sinne des Yoga schrieb er von ihm als einem Mann »sozusagen ganz ohne ›Geist‹. Er ist hochgebildet, kennt Sanskrit gründlich, spricht die Hauptsprachen Europas geläufig, ist Leibarzt eines Maharadschas, hat in England und Deutschland studiert, in Italien gelebt etc. Dabei sehnt er sich schon jetzt mit einem unüberwindlichen Triebe nach dem Tage, wo er, wie die meisten seiner Vorfahren, nackend in die Wälder wegziehen wird. Diese Zeit ist ihm Ziel und Lohn des Lebens. Zum erstenmal habe ich das Gefühl, in unmittelbarer Berührung mit indoarischem Geiste zu treten.«[56]

Dass diese spirituelle Selbstverwirklichung stets mit dem Leid der zurückgelassenen Ehefrau und Kinder einhergeht, erwähnt er nicht.

Drei Monate später schrieb ihm Cosima Wagner und bezog sich dabei auf den Indologen Helmuth von Glasenapp (1891–1963), der bei einem Gespräch über die Inder an ein Gleichnis von Houston Chamberlain erinnerte, in dem es um einen Blinden in London geht, der im Nebel den Weg sicher findet, während die sehenden Führer den Weg verlieren. Ihre Schlussfolgerung aus dem Gleichnis lautet: »Glücklicher könnte die metaphysische Begabung der

55 Ebd., Seite 55

56 Ebd., Seite 659

Inder und ihre Loslösung von der Erscheinungswelt nicht bezeichnet werden.«[57]

Hier wird das rein intuitive Vorgehen, das blinde Vertrauen in die eigene Orientierung, die alles Sichtbare und Materielle abwertet oder als Illusion bezeichnet, idealisiert und pauschal den Indern zugeschrieben, unter denen es aber auch viele gab und gibt, die diese Haltung nicht teilen.

»Arische Weltanschauung«, 1905

Noch intensiver befasste sich Chamberlain mit aus Indien stammendem Gedankengut in seiner Schrift »Arische Weltanschauung«, die 1905 erschien, drei Jahre bevor er Eva, die um elf Jahre jüngere Tochter von Cosima und Richard Wagner, heiratete.

Im Vorwort zur dritten Auflage, die 1915 erschien und zugleich eine überarbeitete Neuausgabe war, schrieb Chamberlain, dass es nicht darauf ankomme, ob

»wir ›Arier‹ sind, sondern darauf, daß wir ›Arier‹ werden. In dieser Beziehung bleibt ein ungeheures Werk an uns allen zu vollbringen: die i n n e r e Befreiung aus dem uns umfassenden und erstickenden Semitismus.« (S. 6).

Wie dies Werk zu vollbringen sei, nimmt er wenige Seiten weiter gleich vorweg, wenn er schreibt: »...der Indoarier muß uns helfen, die Z i e l e unserer Kultur deutlicher ins Auge zu fassen« (S. 18).

Im Abschnitt über »Die Rassenreinheit« führt er aus, was den Indoarier zu einer solchen Aufgabe prädestiniert:

»Die erste Eigenschaft – die Reinheit – entströmt freilich nicht eigener Kraft, sondern ist das Ergebnis geschichtlicher Vorsehung; doch sie betrifft den Kern des Denkens: einzig in der gesamten Geschichte indoeuropäischen Geisteslebens ist das altindische Denken und Dichten von jeglicher – auch entfernter – Berührung mit semitischem Geiste frei und daher rein, lauter, echt, eigen.«.[58]

---

57 Ebd., Seite 661

58 Chamberlain, Arische Weltanschauung, Seite 20

Er äußert sich dort wie auch in den folgenden Ausführungen antisemitisch, behauptet jedoch, er äußere sich nicht aus blutrünstiger antisemitischer Gesinnung so, sondern nur, weil »diese merkwürdige Menschenart – der Semit« sich weltweit verbreitet und sich alles aneignet, ohne es »tief innerlich umzuwandeln«[59].

Den Buddhismus erklärt Chamberlain als unarisch, um dann am Ende dieses Abschnitts nochmals festzustellen, dass die erste herausragende Eigenschaft des indoarischen Denkens die Reinheit sei, womit er eine Reinheit ohne jegliche fremde Beimischung meint.

Er nennt es das »echte arische Denken« und bezieht sich dabei auf die altindische brahmanische Kultur, auf das Mahabharata[60] und die darin enthaltene Bhagavad Gita, auf den Vedanta und den Advaita-Philosophen Shankara. Dieser unterstellte dem Buddha maßlose Geschwätzigkeit und Hass gegen das Menschengeschlecht, was Chamberlain wörtlich zitiert, wie auch aus einem Buch von Joseph Dahlmann[61], der darin den Buddhismus zum Erbfeind jedes höheren Geisteslebens erklärte und von der inneren Fäulnis auf arischem Boden fabulierte.

In seiner Schlussbetrachtung entwirft Chamberlain die Vision von jenen Männern, die ihr Licht ebenso über die Vergangenheit wie über die Zukunft werfen, indem sie die »fast erloschenen Strahlen der fernen Gipfel auffangen und im Brennpunkt ihres Geistes zu neuen Flammen anfachen«[62], und dass sich bald Jünger dieser wahren Meister in die besondere Art der arischen Weltanschauung hineinversetzen und Ähnliches empfinden werden

Diese Vision erfüllte sich einige Jahre später im Sinne Chamberlains, weshalb er 1923 in einem Brief an Ernst Boepple von der Thule-Gesellschaft befriedigt feststellte, dass Hitler eine dieser »Lichtgestalten« sei.[63]

59 Ebd.

60 Monumentales Heldenepos der klassischen indischen Literatur, das aus 106.000 Versen besteht. Um ca. 500 v. Chr. entstanden.

61 Buddha. Ein Culturbild des Ostens, Verlag Felix L. Dames, Berlin, 1898

62 Chamberlain, Arische Weltanschauung, Seite 46

63 Köhler: Wagners Hitler, Seite 246

»Sehr geehrter und lieber Herr Hitler«

Dieser in Braunau am Inn geborenen »Lichtgestalt«, die sich schnell als pathologischer[64] Kriegsverbrecher entpuppte, schrieb H. S. Chamberlain am 7. Oktober 1923 einen mehrseitigen Brief. Der in Bayreuth verfasste Brief beginnt mit der Anrede »Sehr geehrter und lieber Herr Hitler«.

Chamberlain himmelt Hitler geradezu an, sieht in ihm einen »Erwecker der Seelen« und »Spender der Ruhe«.

»Sie haben Gewaltiges zu leisten vor sich, aber trotz Ihrer Willenskraft halte ich Sie nicht für einen Gewaltmenschen.«[65]

Chamberlain bewundert Hitlers Augen und seine Handgebärden, wobei dessen Hände mit den Augen »wetteifern [sic!]«. Diese Art des theatralischen Auftretens verschafft »einem armen geplagten Geist Ruhe« schreibt Chamberlain wörtlich und stilisiert ihn somit zu einem charismatischen Guru und Ruhepol:

»Sie haben den Zustand meiner Seele mit einem Schlage umgewandelt. Daß Deutschland in der Stunde seiner höchsten Not sich einen Hitler gebiert, das bezeugt sein Lebendigsein.«[66]

Der »seltenen Lichtgestalt« Adolf Hitler zum Geburtstag am 20. April 1924

Tief beeindruckt von zwei persönlichen Begegnungen und von dem, was Chamberlain von Hitler erzählt bekam, legt er sich 1924 dahingehend fest, dass Hitler »zu den seltenen Lichtgestalten« gehöre. Dessen Hauptorgan sei das Herz, was ihn zu einem »Herzmenschen« mache. Dort, tief im Herzen, würden die intellektuellen Fähigkeiten und dessen Gedanken »geschmiedet«. Gepaart mit »inbrünstiger Liebesleidenschaft« seinem deutschen Volk ge-

64 Der Psychoanalytiker und Sozialphilosoph Erich Fromm charakterisierte Hitler in seinem Buch »Anatomie der menschlichen Destruktivität« ausführlich (Seite 415 bis 486) als klinischen Fall von Nekrophilie.

65 Schott, Chamberlain, der Seher des dritten Reiches, Seite 12

66 Ebd., Seite 13

genüber habe sich aus diesem Mittelpunkt »seine Gegnerschaft gegen die Juden« bzw. sein »viel beklagter Antisemitismus« entwickelt.

»Weil er kein Phrasendrescher ist, sondern konsequent seine Gedanken zu Ende denkt und furchtlos seine Folgerungen daraus zieht, erkennt und verkündet er: man kann sich nicht zugleich zu Jesus bekennen und zu denen, die ihn ans Kreuz schlugen. Das ist das Großartige an Hitler: sein Mut! Die Zivilcourage, deren Fehlen bei den meisten Deutschen Bismarck so sehr beklagte, besitzt er in überschwenglichem Maße. In dieser Beziehung gemahnt er an Luther.«[67]

Sowohl Luther als auch Hitler war es demnach »heilig ernst um die Sache«. Dies wurde auch von anderen Akademikern jener Zeit betont, unter anderem von dem Theologen Oskar Thulin, von 1939 bis 1945 sowie von 1952 bis 1969 Direktor der Lutherhalle in Lutherstadt Wittenberg.[68] Er schrieb in seinem Buch *Die deutsche Bibel im deutschen Volk«* (1934): »Aber welch wunderbare Tatsache, daß es nur zwei Männer in der deutschen Geschichte gab, die ihr deutsches Volk in einem solchen Ausmaße in ihrer Gefolgschaft hatten: den Führer der deutschen Gegenwart und Martin Luther.«[69]

Was Chamberlain in seiner Eloge zum Geburtstag Hitlers ebenfalls imponierte, war dessen »Verhältnis zu den Marxisten; da kennt er nur den Vernichtungskrieg«[70] und die »unerhörte Wirkungsgewalt« Hitlers auf die Arbeiter, die er »scharenweise zu gesünderen Ansichten« bekehrt.

Chamberlains 1924 verfasste Hommage auf Hitler schließt mit dem Satz: »Gott, der ihn uns geschenkt hat, möge ihn uns noch viele Jahre bewahren, zum Segen für das deutsche Vaterland!«[71]

67 Schott, Chamberlain, der Seher des dritten Reiches, Seite 16

68 Zur ›Lutherstadt‹ wurde Wittenberg offiziell im Jahr 1938. Eine Entscheidung des NS-Reichsinnenministeriums. Viele Wittenberger bedankten sich für diesen Zusatz, indem sie an Luthers Geburtstag die Geschäfte jüdischer Mitbürger demolierten.

69 Thulin, Die deutsche Bibel im deutschen Volk, Seite 7

70 Schott, Chamberlain…, Seite 17

71 Ebd.

»Rasse und Persönlichkeit«, 1925

In seinen 1925 im Verlag Bruckmann veröffentlichten Aufsätzen geht es Houston Stewart Chamberlain zum einen um die »Deutsche Weltanschauung«, zum anderen und dies ausufernd sowie drastisch, um die »Rassenfrage« und zu guter Letzt einmal mehr um Richard Wagner.

In dem Aufsatz »Die Rassenfrage« stellte Chamberlain die Aussage voran, dass man die Frage nach den Rassen nicht umgehen könne, wenn man sich mit Geschichte befasst.

Er sah »jetzt endlich« eine positive Entwicklung und den Grund für die freudige Hoffnung in einer Tendenz, die er folgendermaßen formulierte:

»Der Germane wird sich seines Germanentums wieder bewusst, der südeuropäische Bastard empfindet deutlich seine Abneigung gegen das echt Germanische. (…) Woran es noch empfindlich mangelt, sind klare regulative Ideen. Wir ahnen die Bedeutung der Rasse, finden uns aber in der großen, verwirrenden Masse von Tatsachen nicht zurecht. Hier brauchen wir einen Führer«[72]

Chamberlain beklagte sich gleich auf der nächsten Seite über den Philosophen Ziegler, der in einer Wiener Zeitschrift deutlich Kritik an Chamberlains Rassenkonstrukt übte und ihn förmlich die Scheiterhaufen für die Juden anzünden sah. Mit dieser Kritik konnte Chamberlains nichts anfangen, da er doch bloß mit »vollkommener Objektivität die grundlegende Bedeutung der Rasse für die Gestaltung der Geschichte der Menschheit« hervorgehoben habe.

Natürlich findet er auch hier wieder den Bezug zu Indien, wie er es aus alten vedischen Schriften kennt:

»Es kann Rassen geben ohne eigentliche Nationenbildung, wie das im alten Indien Jahrtausende der Fall war.«[73]

---

72 Chamberlain, Rasse und Persönlichkeit, Seite 69f.

73 Ebd., Seite 73

Für ihn besteht die wesentliche Erkenntnis darin, dass »einzig gezüchtete Rassen Außerordentliches leisten«[74] und dass die »Reinheit der Rasse als das heiligste aller religiösen Gesetze«[75] zu gelten habe. Zwei Gedanken, die er oft wiederholt und variiert.

In einem weiteren Aufsatz widmete sich Chamberlain dem jüdischen Dichter Heinrich Heine. Ein junger Mann hatte ihn um Rat gefragt, und so verfasste Chamberlain am 23. November 1906 einen »Brief über Heinrich Heine« und machte gleich zu Beginn deutlich, was er vom Judentum hält:

»Als G e s a m t e r s c h e i n u n g bedeuten die Juden eine unleugbare große Gefahr für unsere Kultur: hier addieren sich die bedenklichen Charakterzüge und neutralisieren sich die anerkennenswerten.«[76]

Bei dem nachfolgenden sophistischen *argumentum ad hominem* gegenüber Heinrich Heine verliert Chamberlain die Contenance. Er lässt nur die eine Erkenntnis gelten, wonach Heine ein »ehrloser Schuft« sei, der sich »so oft mit dem Behagen eines Schweines in trivialsten, Brechlust erzeugenden Obszönitäten«[77] wälze.

Was den Engländer und späteren Wahldeutschen jedoch aufbaute und erfreute, war »Richard Wagners Regenerationslehre«[78], der er sich 1893 in einen Vortrag widmete, welcher zugleich seine Festrede zu Wagners 80. Geburtstag war. In diesem letzten Aufsatz in »Rasse und Persönlichkeit« kommt Chamberlain im Kontext des religiösen Überhöhens und Heiligsprechens der Rassenreinheit und des Antisemitismus erneut auf den arischen Geist des indischen Weisen Yadjnavalkya zu sprechen sowie auf Schopenhauer, dem »echtesten Fortsetzer indischer Weisheit«.[79]

Bei Yajnavalkya sieht er die »glorreiche Bahn arischen Geistes«, zitiert aus der Chandogya-Upanishad (»Wenn Einer sieht, dann

74 Ebd., Seite 75
75 Ebd., Seite 80
76 Ebd., Seite 87
77 Ebd., Seite 88
78 Ebd., Seite 127ff.
79 Ebd., Seite 127

begreift er. Einer der nicht sieht, begreift nicht. Nur wer sieht, begreift.«[80]) und bezeichnet Schopenhauer erneut als den »echtesten Fortsetzer indischer Weisheit«.[81]

»Mensch und Gott«, 2. Auflage, 1929

Bereits im Vorwort macht Chamberlain deutlich, dass er auch beim Thema »Mensch und Gott« kein Pardon gegenüber den Juden kennt. Er zitiert gleich auf der ersten Seite aus dem Buch »Marcion: Das Evangelium vom fremden Gott« von Adolf von Harnack:

»Der Weltschöpfer Jahve steht unermeßlich tief unter dem Gott der Liebe; er trägt die Verantwortung für das Elend, das die Welt erfüllt und für die Schlechtigkeit der Menschen; die Schrift zeigt ihn als rachsüchtig, listig, betrügerisch, zornig und er erwählt die Juden, – ›ein besonders schlimmes, störrisches und untreues Volk‹ – (S. 113), zu seinen auserkorenen Schützlingen und verspricht ihnen die Herrschaft über die ganze Welt.«[82]

Damit ist die Richtung vorgegeben und zudem deutlich gemacht, welchen Tonfall der in Portmouth aufgewachsene »Kulturphilosoph« auch mit diesen »Betrachtungen über Religion und Christentum« anschlägt. Getrieben von Hass gegenüber allem Jüdischen und unfähig, einen Gedanken prägnant zu formulieren, wiederholt er unentwegt seine Vorbehalte und Ressentiments.

»Die Aroinder nannten, als sie von Norden kommend in die Täler des Indus und des Ganges hinabstiegen, die dunkle Bevölkerung, die ihnen den Weg streitig machte, kurzweg Affen, und ihre Führer warnten vor der Vermischung mit ihnen, als einer verbrecherischen Blutschändung mit einem Tier.«[83]

---

80 Ebd., Seite 131

81 Ebd., Seite 129

82 Chamberlain, Mensch und Gott, 1929, Seite VII

83 Ebd., Seite 13

Überall wittert Chamberlain die Zerstörung des »Indoeuropäers« durch die »Geschäftsinteressen« der Juden. Auch an diesem Punkt ist er mit dem von ihm so sehr geschätzten Richard Wagner einig, dass man sich des »plastischen Dämons« erwehren müsse.

Da das eigentliche Thema des Buches jedoch insbesondere das Christentum ist, setzt Chamberlain rhetorisch alles daran, das »Unjüdische und Widerjüdische an unserem Heiland«[84] herauszuarbeiten.

Der »blinden Wut des jüdisch angeseuchten jugendlichen Christentums«[85] stellt er die Gedankenwelt der indischen Upanishaden entgegen. Er zitiert wiederum den Vedanta-Apologeten Shankara, schwärmt wiederum von Yajnavalkya und dem »Avatar und Eingott« Krishna, der in der Bhagavad Gita die Ethik des skrupellosen Kriegers vertritt, dies mit verschiedenen Yogakonzepten verknüpft und den am Krieg zweifelnden Arjuna in den Krieg zwingt.

Am Ende des Buches kommt Chamberlain nochmals auf den Vedanta zu sprechen. Er empfiehlt zur Lektüre die Textstelle 3,10 der Taittiriyaka-Upanishad, wonach der wissende Arier seinen Gott praktisch überall und in allem erkennt und verehrt. Und er erwähnt den ihm nahestehenden Indologen Leopold von Schroeder, den er zu Beginn des Buches bereits als »verehrten Freund« bezeichnete. Chamberlain empfiehlt abschließend zwei Schriften[86] des österreichischen Indologen mit der Begründung:

»Hier wird nachgewiesen, daß es bei den arischen Indern in ältester Zeit Gebrauch war, die bedeutenden Mythen als Handlung vor Augen zu führen, d.h. also dramatisch (…) Ähnliches ist inzwischen für die alten Germanen und für andere Völker aus der gleichen Stammesverwandtschaft aufgezeigt worden. Das jetzige Bestreben reinster deutscher Kunst hieße also eine Rückkehr auf höherer Stufe zu uraltem geheiligten Brauch.«[87]

---

84 Ebd., Seite 125

85 Ebd., Seite 27

86 »Mysterium und Mimus im Rigveda« (1908) und »Die Vollendung des arischen Mysteriums in Bayreuth« (1911).

87 Ebd., Seite 285f.

Der »Seher des dritten Reiches«, eine Textauswahl

Chamberlains Brief an Hitler von 1923 und seine Hommage anlässlich Hitlers Geburtstag 1924 wurden 1934 in dem Buch »Chamberlain der Seher des dritten Reiches. Das Vermächtnis Houston Stewart Chamberlains an das Deutsche Volk in einer Auslese aus seinen Werken von Georg Schott«[88] veröffentlicht.

Der Textauswahl vorangestellt ist eine zehn Seiten umfassende Huldigung Chamberlains durch den Herausgeber Dr. Georg Schott, einem Laienprediger, Religionsphilosophen und Schriftsteller, der bereits 1924 die Hitler-Biographie »Volksbuch vom Hitler« veröffentlicht hatte.

Chamberlain wird von Schott mal als »der wahrhaft Berufene«, dann als »Geistesführer« und schließlich als »Vorkämpfer germanischer Kulturgesinnung« bezeichnet.

Zwei kurze Textpassagen des Herausgebers bringen das Ansehen und die Stellung Chamberlains im und für den Nationalsozialismus prägnant zum Ausdruck:

»Indem Chamberlain die Lebensaufgabe Adolf Hitlers von Anfang an mit klarem Blick erfaßt hat, ist ihm die Ehrenstelle als Seher des kommenden Reiches von vornherein zuerkannt.«[89]

»Chamberlain war es, der uns als erster die Binde vor den Augen gelockert hat. Deutsches Volk vergiß nicht, daß es ein ›von außen‹ Kommender gewesen ist, der dir den großen Liebesdienst erwiesen hat! Und bleib auch dessen für immer eingedenk, daß der ›Ausländer‹ Chamberlain den ›Ausländer‹ Adolf Hitler als deinen Führer zur Freiheit seit langem bezeichnet hat!«[90]

Der zweifach verwendete Begriff »Ausländer« ist hier keineswegs despektierlich gemeint, sondern voller Ehrerbietung gegenüber dem Engländer Chamberlain und dem von diesem gepriesenen Österreicher Hitler. Als der seit langem kränkelnde Chamberlain 1927 starb, hielt Hitler die Trauerrede.

---

88 Verlag F. Bruckmann AG., München 1934

89 Schott, Chamberlain der Seher des dritten Reiches, Seite 6

90 Ebd., Seite 8

Von Houston St. Chamberlain war es nur noch ein kleiner Schritt zu Alfred Rosenberg (1893–1946), dem Chefideologen und Leiter des Außenpolitischen Amtes der NSDAP. In direkter Anspielung auf Chamberlains »Die Grundlagen des 19. Jahrhunderts« schrieb Rosenberg »Der Mythus des 20. Jahrhunderts« und er gab am 16. April 1949 im Nürnberger Prozess zu Protokoll gab, dass er an Kant und Schopenhauer anknüpfte und sich »vor allen Dingen der indischen Philosophie und ihren verwandten Strömungen gewidmet« hatte.[91] Siehe hierzu den Abschnitt über Alfred Rosenberg auf den Seiten 113 bis 119.

1.5 Der Amerikaner Madison Grant (1865–1937) und dessen Buch »Untergang der großen Rasse«

Für Adolf Hitler war das 1925 im J. F. Lehmanns Verlag veröffentlichte Buch »Der Untergang der großen Rasse« die Bibel. Dies schrieb er an den Autor in den USA in einem persönlichen Dankesbrief.[92]

Der Historiker und Publizist Timothy W. Ryback, der die Hitler-Bibliothek wissenschaftlich untersucht und den besonderen Stellenwert des Buches von Madison Grant erkannt hat, kommentiert dessen Lektüre wie folgt: »Der aufstrebende politische Führer der wiederbelebten nationalsozialistischen Bewegung las und verinnerlichte Grants Thesen und nahm sie vor allem in seine politische, gesellschaftliche und militärische Agenda auf, die er nach der Machtübernahme umsetzen sollte.«[93]

In »Mein Kampf« empfahl Hitler, Amerika hinsichtlich des dort geltenden Einwanderungsgesetzes von 1924 nachzueifern.[94] Aber

91 Nürnberger Prozess, Hauptverhandlung, 16. April 1949, Nachmittagssitzung, Antwort auf die Frage von Dr. Alfred Thoma, durch welche Studien und durch welche Gelehrte Rosenberg von deutscher Seite beeinflusst wurde

92 Timothy W. Ryback, Hitlers Bücher, Seite 149

93 Ebd., Seite 135

94 Hitler, Mein Kampf, Seite 490

auch in seinen Reden bezog er sich direkt auf Madison Grant. Beispielsweise und unter anderem im Frühjahr 1927, als er vom Werk eines amerikanischen Gelehrten sprach, der »nachweist, dass Deutschland kaum 9 bis 19 Millionen wirklich nordisch-arische Menschen zählt« und damit »bereits rassisch minderwertig ist«[95]. Durch die amerikanische Einwanderungsquote wurde dafür gesorgt, dass Einwanderer aus skandinavischen Ländern bevorzugt worden sind.

Madison Grant wurde 1865 in New York geboren, studierte in Yale, machte an der Columbia-Universität seinen Abschluss als Jurist und wurde von der US-Regierung beauftragt, die Einwanderungsquote festzulegen. Zudem setzte er sich für die Einführung von Eugenikgesetzen in Kalifornien und Virginia ein.

Als Lobbyist gegen Einwanderung war Grant durchaus erfolgreich. Dies führte dazu, dass die Einwanderung von Europäern 1924 eingeschränkt und die Einwanderung von Asiaten durch den »Immigration Act« ganz untersagt wurde.

Grant veranlasste zudem die Sterilisierung von »Minderwertigen«, woraufhin mehrere amerikanische Bundesstaaten die Ehe zwischen verschiedenen Ethnien verboten und Gesetze zur Sterilisierung von Menschen, die als *»unworthy«* bezeichnet wurden, erließen.

Von der Dominanz der nordischen Kultur der Blonden und der Furcht vor dem »Untergang der großen Rasse«

In dem von Hitler geschätzten Buch »Untergang der großen Rasse« ging es dem Autor um das »Schicksal der nordischen Heldenrasse«, wie der Übersetzter Dr. Rudolf Polland im Vorwort schreibt. Übersetzer Polland und Autor Grant sind besorgt, weil die »andauernde Vermischung nur zum kulturlosen Rassenchaos führt und das Blut der Edelrassen bis zur Unwirksamkeit ver-

95 Ryback, Seite 141

Das Buch, das Hitler als »meine Bibel« bezeichnete

dünnt.« (Seite 6) Die Konsequenz könne nur »Rassenhygiene und Rassenpflege« sein.[96]

Die für das Thema des vorliegenden Buches relevanten Abschnitte in »Untergang der großen Rasse« sind jene über »Das nordische Vaterland« (S. 132ff.), »Arya« (143ff.) und »Die arische Sprache in Asien« (153ff.)

Madison Grant legt sich dahingehend fest, dass »alles Blonde auf der Welt aus dieser Quelle stammt«, womit er die »nordische Rasse« meint. »Da Blondheit leicht erkannt und darüber berichtet wird, sind wir berechtigt, diesem einzelnen Merkmal viel Bedeutung beizulegen. Die braunen Haarschattierungen sind ebenfalls nordisch.«[97]

---

96 Der norwegische Attentäter Anders Behring Breivik erwähnt in seinem Manifest »2083: A European Declaration of Independence« den amerikanischen Rassentheoretiker Madison Grant positiv und bezeichnete sich selbst als »Verteidiger der weißen Rasse«.

97 Madison Grant, Untergang der großen Rasse, Seite 132

Zu einer Dominanz nordischer Kultur kam es Madison Grant zufolge auch durch die »Einführung des Sanskrit in Indien durch die nordischen Saken, welche die Halbinsel eroberten«.

Doch die weitere Entwicklung betrübt ihn, da »das Blut dieser arisch sprechenden Eroberer« von den dunklen Hindus »aufgesaugt [sic!]« worden sei. Das Schlussergebnis sei eine »synthetische Sprache«.[98] (S. 133)

Diese Aussage zeugt von völliger Unkenntnis der indischen Geschichte und Kultur. Eine Synthese von Sanskrit, Hindi und dravidischen Sprachen wie Tamil gab und gibt es nicht. Als Hindus werden üblicherweise alle Inder bezeichnet, unabhängig von ihrer Hautfarbe. Die von den »arischen« Eroberern, von denen in den Veden zuhauf die Rede ist, in den Süden des Subkontinents vertriebenen Einwohner der Induskultur haben ihre ursprüngliche Kultur und Sprache weitgehend bewahrt. Es gab im Gegenzug auch keinerlei Änderungen der Sanskritsprache im Sinne einer Synthese mit dunkelhäutigen »Nichtariern«, die im Rigveda verächtlich als *Dâsa* bezeichnet werden, ein Sanskritwort, mit dem man Diener und Sklaven bezeichnete. Sie wurden als »Fremde« und als »nicht opfernde Barbaren« bezeichnet sowie als »Feinde der Arier« (*anârya*).

Auf die indischen Veden kommt Madison Grant ebenfalls zu sprechen. Er sieht darin »deutliche Spuren dieser einander folgenden Fluten von Eroberern«, die »die früheren Ankömmlinge vor sich her trieben«.

Das bedeutet, die als Städtebauer und Handwerker hochqualifizierten Bewohner der Städte der Induskultur wurden von den berittenen Reitergruppen, die allesamt Analphabeten waren, überfallen, ausgeraubt und vertrieben. Dies hält Grant für die Blütezeit der arischen Nordrasse.

Tatsächlich war es jedoch ein massiver Rückschritt, denn die Indus- bzw. Harappakultur[99] war kulturell und sozial wesentlich weiter fortgeschritten.

98 Madison Grant, Untergang der großen Rasse, Seite 133

Auf den »Einfluss der arischen Kultur« geht die indische Historikerin Romila Thapar, Professorin für Geschichte an der Universität Delhi, in ihrem Buch »Indien. Von den Anfängen bis zum Kolonialismus« ein. Sie beschreibt darin auch, wie sich aus der Unterscheidung zwischen Ariern und Nichtariern schließlich das Kastensystem entwickelte und weist darauf hin, dass *varna*, das Sanskritwort für Kaste, eigentlich Farbe bedeutet, was sich bis heute in der Kleidung der verschiedenen Kasten zeigt. Je höher die Kaste, desto heller die Farbe der Kleidung. In traditionell oder religiös ausgerichteten Yogaschulen tragen Yogalehrer und Yogalehrerinnen weiße Kleidung oder die Kombination Weiß und Gelb. Dies trifft sowohl auf Indien als auch den Westen zu.

Madison Grant war zudem besorgt, dass die Ethik der Nächstenliebe und der »weichliche Gefühlsüberschwang« die amerikanische Nation dem »Rassenverfall zutreibt« (S. 159). Deshalb hoffte er, dass eine »vollständige Veränderung im politischen Aufbau eintreten« und das Land von »neuen, auf Rassenwerten beruhenden Einrichtungen« geprägt sein werde.

Diese Sätze zeigten bei Hitler nachhaltig Wirkung. Er setzte die inhumanen Visionen des Madison Grant praktisch um. Diese radikale und konsequente Umsetzung seiner Thesen im von Nationalsozialisten regierten Deutschland erlebte Madison Grant nicht mehr. Er starb 1937 in New York.

1.6 Der Publizist Dietrich Eckart (1868–1923). Mentor und Wegbereiter Hitlers

Zu den Männern, die Hitlers politischen Werdegang in besonderer Weise beeinflusst haben, steht der Dramatiker und Journalist Dietrich Eckart. Er war der Dichter des Sturmliedes der SA und

99 Bronzezeitliche Hochkultur entlang des Flusses Indus, auch als Indus-Kultur bezeichnet, ca. 2800 bis 1800 v. Chr.

Dietrich Eckart, um 1900

er prägte den Schlachtruf der Nationalsozialisten »Deutschland erwache!« sowie den Kampfbegriff »Drittes Reich«.

Den meisten gilt er als der Förderer Hitlers schlechthin. Mehrere Hitler-Biographen sehen in Eckart den »Gründer Hitlers«, sie bezeichneten ihn als »Mentor« und/oder »Lehrer« Hitlers.

In ihrem Buch »Auf dem Weg zu Hitler« hat die Publizistin Margarete Plewnia den Werdegang und Einfluss des völkischen Publizisten Dietrich Eckart auf Adolf Hitler ausführlich dargestellt. Diese Buchveröffentlichung ist eine gekürzte Fassung ihrer Dissertation.

1868 in der Nähe von Nürnberg geboren, verlor Eckart als Zehnjähriger seine Mutter. 1891 brach er sein Medizinstudium ab und wurde Schriftsteller. Sein Vater, zu welchem er ein zwiespältiges Verhältnis hatte, starb 1895 und hinterließ ihm ein Vermögen, welches Eckart jedoch schnell aufbrauchte. Fortan war er stets in finanziellen Nöten. Dies lag auch daran, dass er es liebte, als finanzieller Gönner aufzutreten.

Ab 1899 lebte er in Berlin, wo er verschiedene Theaterstücke mit autobiographischen Zügen sowie weltanschaulichen und politischen Themen schrieb. Nach Einschätzung von Plawina war Dietrich Eckart ein geschickter Werbetexter und begabter Journalist, jedoch ein mittelmäßiger Dramatiker, dem der Erfolg lange Zeit verwehrt war. Bekannt wurde er mit einer freien Übertragung von Ibsens *Peer Gynt* (1912), die den Sinn des Originals jedoch in sein Gegenteil verkehrte: Aus einem weltfremden Träumer wird bei Eckart eine »lichtsuchende« Gestalt, die den Wahn der Welt überwindet, womit das Stück autobiographische Züge bekommt.

Ähnlich wie Adolf Hitler besaß Eckart ein übersteigertes Selbstbewusstsein. Aus dieser Selbstüberschätzung heraus entwickelte er eine Ideologie des »genialen höheren Menschen«. Geistige Lehrmeister waren ihm u.a. Schopenhauer und Angelus Silesius. Auch von der indischen Maya-Lehre war Eckart beeindruckt und führt in Bezug darauf die Seiten 108 bis 114 von Alfred Rosenbergs Veröffentlichung »Vermächtnis« an.

Der Sanskritbegriff *maya*, der für »Täuschung, Illusion und Projektion« steht, spielt sowohl im Rigveda als auch im Mahabharata eine Rolle sowie in zahlreichen Upanischaden. Eine indische Maya-Lehre im wortwörtlichen Sinne gibt es nicht, es handelt sich vielmehr um eine Fülle von Deutungen innerhalb der indischen Philosophie. Yoga-Schulen des Westens, die esoterisch oder spirituell ausgerichtet sind bzw. Elemente des Hinduismus mit Atemübungen und Körperpraxis verbinden und diesen Yoga als ganzheitlich oder wahren, ursprünglichen Yoga bezeichnen, verwenden den Sanskritbegriff *maya* gern pauschal für die primär materiell ausgerichtete westliche Welt.

Nach seiner Heirat zog Eckart im Jahre 1915 nach München, wo er in politischen Kreisen verkehrte. Ab Herbst 1918 arbeitete er für den »Münchner Beobachter«, welcher der rechtsradikalen Thule-Gesellschaft nahestand. Ab Dezember des gleichen Jahres war er zwei Jahre lang Herausgeber der in ganz Deutschland verbreiteten

Dietrich Eckart

ein deutscher Dichter

und der

Vorkämpfer der nationalsozialistischen Bewegung

Von

Albert Reich

Kunstmaler

Die Neuaufnahmen von Lisbeth Reich

2. Auflage

19 34

Verlag Frz. Eher Nachf., G.m.b.H., München 2 NO.

Eine Hommage auf Dietrich Eckart auf 128 Seiten

Zeitschrift »Auf gut deutsch«; Alfred Rosenberg war sein Mitarbeiter. Thema und Ziel der als Wochenzeitung konzipierten, aber unregelmäßig erscheinenden Publikation war der Kampf gegen das Judentum. Der Versailler Vertrag war für Eckart ebenso ein Zeichen der weltweiten Verschwörung der Juden wie die nachfolgende Bayerische Revolution und die Ausrufung der Räte-Republik.

Er entwickelte ein Sendungsbewusstsein und wurde zum Verkünder der sogenannte »Dolchstosslegende«, die behauptete, dass neben den Sozialdemokraten die Juden den Zusammenbruch und die Niederlage im Ersten Weltkrieg verschuldeten, weil sie den Kampfgeist des Heeres zum Erlahmen gebracht hätten. Eckart vertrat die Überzeugung, das deutsche Volk sei zur »Erlösung der Welt« aufgerufen, um das Dritte Reich zu erfüllen. Er blieb mit seinen Texten aber ohne nennenswerte politische Resonanz. So kam ihm Adolf Hitler wie gerufen. Seinen Freunden stellte er Hitler stets mit dem Satz vor: »Das ist der Mann, der einmal Deutschland befreien wird!«

Am 14. August 1919 hielt Dietrich Eckart vor Mitgliedern der Deutschen Arbeiter-Partei (DAP) einen ersten Vortrag, Partei-Mitglied wurde er jedoch nicht, als »Dichter der Bewegung« war er jedoch anerkannt und wurde gefeiert.

Während Hitler die Juden vorwiegend als Rasse verurteilte, verachtete Eckart sie als Vertreter einer bestimmten Geisteshaltung. Ansonsten überwog die Übereinstimmung. Eckart wurde Hitlers »väterlicher Freund« und Mentor. Eckart sah die Vorzüge Hitlers in dessen rhetorischen Fähigkeiten und einer hypnotischen Überzeugungskraft. Als Autodidakt war er zudem belehrbar.

Nach seiner Scheidung im März 1921 gab Eckart seine Wochen-Zeitung »Auf gut deutsch« zugunsten des »Völkischen Beobachters« auf. Für dessen Übernahme durch die NSDAP besorgte er das Geld und trat in die Dienste des zwanzig Jahre jüngeren Adolf Hitler, den er auch gegen innerparteiliche Kritiker verteidigte. Dank Eckart wurde Hitler mit der Zeit gesellschaftsfähig und kreditwürdig. Er förderte ihn, schrieb ihm charismatische Fähigkeiten zu und bezeichnete ihn bereits 1921 als »Führer«.

In einer internen Parteikrise im Sommer 1921 verhalf Eckart durch seine Vermittlerrolle Hitler zum Sieg. Hitler wurde zum Alleinherrscher der bis dahin nach demokratischen Grundsätzen geleiteten NSDAP.

Mit Hitlers rasantem Aufstieg verlor Eckart mit der Zeit an Bedeutung. Es traten nun jüngere Männer wie Rudolf Hess an seine Stelle und gewannen an Einfluss.

Noch im Frühling 1923 pries Eckart Hitler im »Völkischen Beobachter« als »Erlöser«. Ernst Hanfstaengl schreibt in seinen Lebenserinnerungen,[100] dass Eckart sich in dieser Zeit auch kritisch über Hitler äußerte: »Das ist doch schon Größenwahn auf der

100 Ernst Hanfstaengl, Zwischen Weißem und Braunem Haus. Erinnerungen eines politischen Außenseiters, Piper Verlag, München, 1970

halben Strecke zwischen Messiaskomplex und Neronismus! Wohin soll denn das noch führen?!«[101]

Obwohl Dietrich Eckart am 8. November 1923 bei Hitlers Bürgerbräuputsch nicht anwesend war und es unklar ist, ob er beim Marsch auf die Feldherrnhalle mitmachte, wurde er am 15. November verhaftet und in der Festungsanstalt Landsberg interniert. Am 26. Dezember 1923, sechs Tage nach seiner Haftentlassung, erlag er mit 55 Jahren einem Herzinfarkt.

Früher Tod und übertriebene Verehrung

Einige Monate nach Eckarts Tod erschien seine unvollendete Schrift »Der Bolschewismus von Moses bis Lenin. Zwiegespräch zwischen Hitler und mir« (ob mit oder ohne Einverständnis von Hitler, ist unklar), mit welcher Eckart versuchte, der Partei und Hitler ein weltanschauliches Fundament zu geben. Die Eckart-Biographin Margarete Plewnia geht davon aus, dass Eckart entgegen seinen Angaben alleiniger Autor war und Hitler nur ein fiktiver Gesprächspartner.

Für die Nationalsozialisten wurde Dietrich Eckart zum Märtyrer. Dessen Mythisierung ging vor allem von Hitler aus, der bereits 1927 seine geistige Verbundenheit mit Eckart im zweiten Band von »Mein Kampf« zum Ausdruck brachte, wo er an das Ende eine persönliche Hommage auf Dietrich Eckart setzte und ihn als »Der Besten einer« glorifizierte.

Während der Zeit des Nationalsozialismus gab es mehrere Eckart-Denkmäler und Gedenkorte. Seine Geburtsstadt Neumarkt in der Oberpfalz trug den offiziellen Namenszusatz ›Dietrich-Eckart-Stadt‹ und 1934 weihte Adolf Hitler dort zu Ehren Eckarts ein Denkmal im Stadtpark ein.

Eckart wurde auf Anordnung von oben als Dichter und Dramatiker sowie Künder des Dritten Reiches gefeiert. Die Freie und Hanse-Stadt Hamburg stiftete am 26. Juli 1933 den Dietrich-Eck-

---

101 Ebd., Seite 109

Dietrich-Eckart-Büste und Ehrentafel der Gefallenen von 1923 im Braunen Haus in München

art-Preis in Höhe von 5000 Reichsmark, der jeweils am 26. Dezember zu übergeben war, dem Todestag Eckarts.

Am Berliner Olympiagelände wurde 1936 die ›Dietrich-Eckart-Freilichtbühne‹ erbaut und nach der Fertigstellung für Theateraufführungen und Partei-Großveranstaltungen genutzt. Die nach dem Vorbild antiker griechischer Theater gebaute Bühne wird nach wie vor genutzt und ist nun deutschlandweit bekannt als die Berliner ›Waldbühne‹.

1.7 Der Eugeniker Prof. Dr. Hans F. K. Günther (1891–1968) und die Weisheit der Inder

Neben Houston Stewart Chamberlain war Hans F. K. Günther einer der einflussreichsten Urheber der nationalsozialistischen Rassenideologie. Hitler schätzte ihn sehr. Er besaß drei Bücher von Günther, zwei davon in mehreren Ausgaben.[102] Bei der Antrittslesung von Günther an der Universität Jena war Hitler (zusammen mit Hermann Göring) anwesend. Die Goethe-Medaille für Kunst und Wissenschaft verlieh Hitler 1941 an Hans F. K. Günther.

Hans Friedrich Karl Günther hatte von 1930 an einen Lehrstuhl für Sozialanthropologie an der Universität Jena. Er war von 1935 an Professor für Rassenkunde, Völkerbiologie und Ländliche Soziologie an der Universität Berlin (jetzt Humboldt-Universität Berlin) und von 1940 bis 1945 Professor an der Albert-Ludwigs-Universität in Freiburg im Breisgau. Nach dem Krieg publizierte er im »Bund für Deutsche Gotterkenntnis« rassenideologische Pamphlete.

Die von Hans F. K. Günther 1925 und 1927 veröffentlichte Schrift »Der Nordische Gedanke unter den Deutschen« hatte der Verleger Julius Friedrich Lehmann mit Widmung an Hitler geschickt.

Im neunten Kapitel dieses Buches, das mit »Die Ehrung des Leibes« überschrieben ist, stellt der Autor fest, dass die »Leibesschönheit an die nordische Rasse« gebunden sei. Den Aspekt der Askese stufte er als lebensfeindliche Strömung ein und führt aus, die Askese habe »der Gesundheit und Rassenkraft der Europäer« zerstörerisch zugesetzt. Zur Bekräftigung dieser These führt er u.a. Nietzsche an. Diesem, wie auch Günther, ging es um die Auslese und den rechten Gottesglauben, der »Leib und Sinne a d e l t als die volle Hälfte eines leiblich-seelischen Wesens, welchem Steigerung von Geschlecht zu Geschlecht aufgegeben ist zur Verleiblichung göttlichen Geistes in dieser Welt.«[103]

---

102 »Rassenkunde des deutschen Volkes« (1923, 1928, 1930), »Der nordische Gedanke unter den Deutschen« (1925, 1927) und »Rasse und Stil: Gedanken über ihre Beziehung« (1926)

103 Günther, Der Nordische Gedanke, München 1927, Seite 121 (Anmerkung:

Prof. Dr. Hans F. K. Günther

Dazu bedürfe es jedoch einer Rasse, schreibt Günther, die den Willen hat, alle Erscheinungen mit

»eigenem Adel zu durchdringen. Die Rassen, aus denen mehrere Kirchenväter hervorgingen, besaßen den adelnden Willen nicht, und ins Morgenland ist dieser Wille immer wieder nur durch Menschen nordischer Herkunft eingedrungen: so in der frühesten Weisheit der Inder...«[104]

In seiner Schrift »Die Nordische Rasse bei den Indogermanen Asiens«, 1934 im Münchner Verlag J. F. Lehmanns[105] erschienen,

Die »Verleiblichung des göttlichen Geistes« ist eine Formulierung, die man so oder ähnlich auch in deutschen Yogaschulen vernehmen kann.)

104 Ebd.

105 Nach dem Verleger J. F. Lehmanns, der nicht nur einen Großteil nationalsozialistischer Propaganda-Literatur veröffentlichte, sondern auch ein gutes Verhältnis zu Adolf Hitler hatte, dem er zahlreiche Veröffentlichungen seines Verlages mit Widmung zukommen ließ, ist die Buchkette »Fachbuchhandlung Lehmanns« benannt.

die er zugleich als »Beitrag zur Frage nach der Urheimat und Rassenherkunft der Indogermanen« verstanden wissen wollte, schreibt er u.a. auch ausführlich und kenntnisreich über die Eroberung Indiens, die Inder an sich, die frühindische Kastengesetzgebung und Erbgesundheitspflege sowie über den »Zerfall des arischen Indertums«[106] (S. 27):

»Der Rigweda schildert die Inder der Einwanderungszeit als lebens- und trinkfrohe Recken mit Zügen, wie sie auch den germanischen Recken kennzeichnen; er schildert Indra als einen Gott des Bauernkriegertums mit Zügen, die an germanische Sagen vom Gotte Thor erinnern.«

Da sich Günther in einer Fußnote zum folgenden Absatz auf Goetz und dessen »Epochen der indischen Kultur« von 1929 bezieht, ist zu vermuten, dass dies auch (eine) seine(r) Quelle(n) war.

Auch später bezog er sich erneut auf die »nordische Rassenseele«, die sich im »Reckentum des Rigwedas, auch noch im Rittertum der Mahabharata-Dichtung« spiegeln würden. Er lobte den »Rassenschutz der Kastengesetzgebung« sowie die »ausgebildete Erbgesundheitspflege (Eugenik)«, wie sie im »Gesetzbuch des Manu« beschrieben wird, das auch Nietzsche sehr geschätzt wurde.

Die Blondheit der Inder und vedische Blondschopf-Götter

Im Abschnitt über die »rassische Beschaffenheit der Inder im Zeitabschnitt der Einwanderung und der Landnahme« (S. 34ff.) macht sich der Autor zunächst Gedanken über die »Blondheit« der Inder und wie diese »Blondheit« wohl zu verstehen ist, um dann zu erklären, was es mit den Ariern und den Nichtariern in Indien auf sich hat:

»Die Einheimischen werden anârja ›Nichtarier‹ genannt; die Eroberer nennen sich stolz *ârja* ›Arier‹, was so viel bedeutet wie ›die Edlen‹. Auch als dâsa ›Feind‹ werden die Nichtarier bezeich-

106 Hans F. K. Günther, Die nordische Rasse bei den Indogermanen, S. 27

net oder als dâsju, welches Wort mehr den andersgläubigen Feind bezeichnet.«[107]

Bei diesen Ausführungen bezieht sich Günther auf Alfred Hillebrandt und den zweiten Band von dessen »Vedische Mythologie«.

Die Blondheit der Inder beschäftigt Günther auch im weiteren Verlauf. So verweist er u.a. auf den Indologen Leopold von Schroeder, in dessen Buch »Arische Religion« »auch der Feuergott Agni und der Sonnengott Surja gold- oder blondhaarig genannt werden, im Mahabharata auch die Götter Vishnu und Siva« (S. 36). Zudem wird der im »Gayatri-Mantra« besungene Sonnengott Sawitur zu einem Blondschopf. Das »Gayatri-Mantra« wird sowohl in indischen als auch westlichen Yogaschulen regelmäßig gechantet[108].

Die »Jogalehre«: Übermenschliche Geistesstärke entwickeln

Bezeichnenderweise kommt Günther in einem Abschnitt über den »Zerfall des arischen Indertums« (S. 46ff.) auf Yoga zu sprechen. Sich nochmals auf Hermann Goetz und dessen »Epochen der indischen Kultur« beziehend, stellt er fest, dass in den Jahrhunderten nach Beginn unserer Zeitrechnung die »sog. indische Mystik aufkam«, die eine »gewisse Veredlung des Zauberglaubens der Drawidastämme« ist.

Ursprünglich, meint Günther, wäre das, was sich später dann als Yoga entfaltete, ein Ausdruck der »Besonnenheit, Selbstzucht und Gemessenheit« der »nordischen Rassenseele« gewesen. Doch die »nordrassische« Abgeklärtheit wäre in den »(entnordeten)« Spätzeiten verfälscht worden zu einer Abtötung der Sinne und dem Gedanken der Askese.

In der Sache zutreffend stellt Günther fest, dass sich durch den Einfluss des vorindogermanischen Geistes, womit er sicher die Induskultur meint, zunehmend die Vorstellung durchsetzte, »der Mensch könne durch Übungen, geradezu Leibesübungen der Wil-

---

107 Ebd., Seite. 34f.
108 Chanten – das Singen spiritueller Lieder oder Mantren.

lenszucht in sich übermenschliche Geistesstärke entwickeln.« Sich dort und auch nachfolgend auf J. W. Hauer und dessen Schrift »Die Anfänge der Yogapraxis im Alten Indien« von 1922 beziehend, formuliert Hans F. K. Günther:

»Erst später wurde die Jogalehre von besonderen Jogagemeinden umgebildet zu einer Lehre der Sinnenabtötung, einer Lehre, die am ehesten dem Geiste der vorderasiatischen Rassen zuzuschreiben ist.«[109]

Arisches Indertum und »kriegerische Frische«

Geradezu sehnsuchtsvoll gedenkt er des »Arischen Indertums« bzw. der »frühen Inder voll kriegerischer Frische«, als die Bhagavadgita noch »ein indogermanischer Heldengesang« war. Sowohl der klassische Yoga des Yoga-Sutra als auch der Jahrhunderte später entwickelte Hatha-Yoga sowie der Buddhismus werden bei Hans F. K. Günther zu »Zerfallserscheinungen nordischen Rassegeistes«. Anstatt »arisch-indischem Lebensmut« gäbe es nunmehr »*Überdruß* und Verzichtstimmung gegen außen, Heldentum nur noch gegen innen«.[110]

Diese Abhandlung dürfte Hitler und Himmler zugesagt haben. Beide haben die Bücher des »Rassenpapstes« Günther gelesen und geschätzt. Himmler schrieb im August 1932, nach der Lektüre von »Adel und Rasse«: »Eines der ausgezeichnetsten Bücher von Günther, ein Hochgesang des herrlichen nordischen Blutes.«[111]

---

109 Günther, Die Nordische Rasse bei den Indogermanen Asiens, Seite 48
110 Ebd., Seite 52
111 »Nachlass Himmler/11« des Bundesarchivs, Seite 66, Pos. 321

2. *Einflussreiche Indologen mit und ohne NSDAP-Mitgliedschaft*

Es ist bemerkenswert und außergewöhnlich, welchen Einfluss und hohen Stellenwert Indologen innerhalb der vom Nationalsozialismus geprägten Gesellschaft und des NS-Machtapparates seinerzeit hatten. Auch dies ist ein Indiz für die Wertschätzung ausgewählter Werke der indischen Philosophie und Yoga-Literatur. Drei von ihnen werden hier näher vorgestellt. Sie standen in direkter Verbindung mit anderen Wegbereitern und/oder mit den Machthabern des Nationalsozialismus.

2.1 Leopold von Schroeder (1851–1920), Indologe und Schriftsteller

Der am 12. Dezember 1851 in Dorpat (Tartu, Estland) geborene Indologe und Dichter Leopold von Schroeder gibt in seinen ein Jahr nach seinem Tod veröffentlichten »Lebenserinnerungen«[112] einen umfassenden Überblick über seine Entwicklung, Freundschaften und Veröffentlichungen. Diese werden im Anhang in einem »Schriftenverzeichnis« allesamt chronologisch aufgeführt. Drei

112 Leopold von Schroeder, Lebenserinnerungen, Dr. jur et phil. Felix v. Schroeder (Hg.), H. Haessel Verlag, Leipzig, 1921

von ihnen sind bezüglich der Nachwirkungen auf die NS-Ideologie relevant und werden weiter unten thematisiert.

Werdegang

Leopold von Schroeder entstammte einer alten Rigaer Patrizierfamilie und wuchs in der Kultur des deutsch-baltischen Raumes auf. Er besuchte 1862–69 das Gymnasium in Dorpat und begann 1870 das Studium der vergleichenden Grammatik an der dortigen Universität. Nach Studienaufenthalten in Deutschland (1874/75 Universität Leipzig, 1875 Universität Jena, 1875/76 Universität Tübingen) wandte er sich der Indologie zu.

Ab 1882 war von Schroeder in Dorpat Dozent für altindische Sprache und Literatur und publizierte eine Reihe vergleichender mythologischer und ethnologischer Studien. Zudem veröffentlichte er eigene Dichtungen, wie zum Beispiel das Trauerspiel »König Sundara« und trat als Übersetzer und Nachdichter indischer Texte in Erscheinung.

Da er sich weigerte, seine Vorlesungen in russischer Sprache zu halten, musste er die Universität Dorpat 1894 verlassen und bekam an der Universität Innsbruck eine Professur für altindische Geschichte und Altertumskunde.

1898 wurde er an der Universität Wien zum Professor für altindische Philologie und Altertumskunde berufen, verließ jedoch alsbald das eigentliche Fachgebiet zugunsten seiner mythenvergleichenden und ethnologischen Interessen. Seine Veröffentlichung »Arische Religion«, die 1914–1916 in zwei Bänden erschien, wurde von der Fachwelt reserviert aufgenommen.

Leopold von Schroeder hatte ab 1900 eine freundschaftliche Beziehung zu Houston Stewart Chamberlain und über diesen zur Familie Wagner in Bayreuth. Auf diese Weise hielt von Schroeder 1917 einen Festvortrag, in dem er Wagners Parsivalgestalt mit Naciketa aus der Kathaka-Upanishad verglich. Ein Jahr später wurde ein Herzleiden festgestellt, an dem er am 8. Februar 1920 starb.

Veröffentlichungen, die im NS-Regime Spuren hinterließen

»Des Erhabenen Sang«

1912 veröffentlichte Leopold von Schroeder seine Übersetzung der Bhagavad Gita, zu der er bereits zwanzig Jahre zuvor eine erste Fassung in Dorpat entworfen hatte.[113] Vorangestellt war eine 16 Seiten umfassende Einleitung. Darin schreibt Leopold von Schroeder u. a. Folgendes:

»Es begreift sich, wenn man zugleich die Kraft der Poesie, die echt arische Fähigkeit hochfliegender Begeisterung kennt, die in diesem merkwürdigen Volke seit alters wirkt und lebt, bald schlummernd, träumend, bald in hellem Jubel erwachend, mit elementarer Macht aufflammend.«[114]

Leopold von Schroeder kommt in seiner Einleitung schnell und folgerichtig auf Houston Stewart Chamberlain und auf Arthur Schopenhauer zu sprechen.

Auf Chamberlain verweist er, da dieser die organische Einheit von Philosophie und Religion hervorhob und meinte, das geistige Leben der Indoarier stehe »unerreichbar hoch über dem unsrigen«.

Auf Schopenhauer kommt er zu sprechen, da jener in seiner Abhandlung »Grundlagen der Moral« mit Begeisterung auf zwei Verse der Bhagavad Gita hingewiesen hat: die Verse 17 und 18 aus dem 13. Gesang. Sie münden in die Erwartung der Unterwerfung, durch die allein das Wissen und das »Licht der Lichter« erreichbar wird. In der Übersetzung durch Leopold von Schroeder: »Wer mich verehrt und dies erkennt, wird teilhaft meines Wesens sein.«[115]

Diese Anmaßung zieht sich durch die ganze Bhagavad Gita, und sie kommt jeweils vom Wagenlenker-Gott Krishna, der zu dem am Sinn des Krieges zweifelnden Feldherren Arjuna spricht, der seine

---

113 Bhagavadgita, Des Erhabenen Sang, Verlag Eugen Dietrichs, Jena, 1912, © 1922, Ausgabe 1941

114 Ebd., Seite I

115 Ebd., Seite 63

Der deutsch-baltische Indologe Leopold von Schroeder

Verwandten und Lehrer nicht töten möchte, was Schroeder auch entsprechend drastisch ausdrückt: »Wie soll er mordend vorgehen gegen diese ihm nahestehenden Menschen?«[116] Die Forderung von Krishna ihm gegenüber ist im Grunde simpel, denn er erwartet uneingeschränkte Pflichterfüllung, und er hält es für überflüssig, sich über die Folgen dieses Mordens irgendwelche Gedanken zu machen.

Es folgt seitens Leopold von Schroeder eine mehrseitige Analyse der Bhagavad Gita hinsichtlich ihrer Grundlagen, Entwicklung, »Kontaminationen« und der Verschmelzung verschiedener Lehren und Einflüsse, wobei die dualistisch-rationalistische Samkhya-Yoga-Lehre dem monistisch-idealistischen Vedanta gegenübergestellt

116 Ebd., Seite IV

wird. Hier verweist Leopold von Schroeder auf die Einschätzungen und unterschiedlichen Positionen mehrerer bedeutender deutscher Indologen wie Paul Deussen, Richard Garbe und Otto Strauss. Er stellt in der Quintessenz fest, dass die Bhagavad Gita »reich an Widersprüchen und Unstimmigkeiten aller Art«[117] sei.

Am Ende seiner Einleitung vermittelt Leopold von Schroeder, was unter »Yoga« nach Meinung von Paul Deussen und seiner Meinung nach zu verstehen sei. Dies prägt schließlich seine Übersetzung der Bhagavad Gita. Anstatt des Begriffs »Yoga« oder der wörtlichen Übersetzung »Anbindung, anjochen« verwendet er die Worte »Andacht«, »Hingabe« und/oder »Konzentration«.

Vom Steinklopferhans und dessen Bezug zur Bhagavad Gita

In der Publikation »Reden und Aufsätze vornehmlich über Indiens Literatur und Kultur«, die 1913 im Leipziger Verlag Haessel erschien, finden sich zwei relevante Beiträge aus den Jahren 1906 und 1908.

Der Aufsatz zu »Steinklopferhans und Bhagavadgita« war ursprünglich am 15. Januar 1906 in der »Neuen Freien Presse« veröffentlicht.

Leopold von Schroeder zieht darin eine Parallele zwischen dem volkstümlichen »Dorfphilosophen« Steinklopferhannes, dessen Lebensmaxime lautet »Es kann dir nix g'scheh'n!«, und den philosophischen Kerngedanken der Bhagavad Gita. Die »Bauernred' und das indische »Denkerwort« laufen demnach auf das Gleiche hinaus: Es gibt im Inneren eines jeden Menschen einen ewigen und unzerstörbaren Kern, dem nie etwas geschehen kann, was auch immer passiert an Unglück und schrecklichem Schicksal. Auch in diesem Kontext wird auf Schopenhauer verwiesen, der ein besonderes Faible für diesen Teil der indischen Weltanschauung hatte.

Für Leopold von Schroeder ist die in der Bhagavad Gita geschilderte Schlacht zwischen den (»bösen«) Kaurava und den (»guten«)

117 Ebd., Seite XI

Pandava die »Heldenzeit«. Und in dieser »Heldenzeit« steht Arjuna zweifelnd auf dem Schachtfeld und zögert, mit dem Krieg zu beginnen.

»Er sieht vor sich im feindlichen Heere seine nahen Verwandten, Vettern, Oheime, Lehrer und Freunde. Der Gedanke erschreckt, erschüttert ihn, daß er mordend vorgehen soll gegen sie und die Ihren. Eine Schwäche befällt ihn, die Hand läßt Pfeil und Bogen sinken – er will nicht kämpfen! Aber ein Gott steht neben ihm, der höchste Gott in Menschengestalt, Krishna-Vishnu. Der verweist ihm solch unmännliche Schwachheit, tröstet ihn, stärkt ihn, richtet ihn auf und zeigt ihm, daß es nur eine würdige Bahn für ihn gebe: tapfer und mutig seine Pflicht als Krieger zu erfüllen. Und es liegt zur Klage, zum Kleinmut kein Grund vor! Es kann ihm, es kann auch jenen im feindlichen Heere in Wahrheit ja nichts geschehen!«[118]

Die Ethik der Krieger bzw. die Werte der Kriegerkaste als vielschichtige und komplexe Indoktrination. Der Wortschwall des Wagenlenkers Krishna hält an, bis der am Sinn des Mordens Zweifelnde überrumpelt ist, »endlich« bereit zum »männlichen« Töten. Rationalisierungen hierfür hat der Wagenlenker genug geliefert und dabei alle rhetorischen Register der Agitation gezogen.

In Bezug auf den zentralen Handlungsfaden der Bhagavad Gita erstaunt die Unkenntnis des Indologen Leopold von Schroeder wie auch der Anhänger der Hare-Krishna-Bewegung bzw. Verehrer der Bhagavad Gita. Die »heilige Schrift« bzw. der »Gesang des Erhabenen« ist nur ein Ausschnitt aus dem voluminösen Epos »Mahabharata«. Der in der Bhagavad Gita geschilderte Konflikt zwischen den Kaurava und den Pandava hat im Mahabharata eine Vorgeschichte und eine Fortsetzung.

In der Fortsetzung wird zunächst der Sohn von Arjuna getötet, in der Folge Arjuna selbst und auch der Wagenlenker/Gott Krishna wird erst verflucht und später »versehentlich« von einem Jäger getötet. Arjuna und die Seinen finden sich schließlich in der Hölle wieder. In Kenntnis der vollständigen Geschichte der riva-

118 Leopold von Schroeder, Reden und Aufsätze, Seite 189

lisierenden Herrschergruppen bekommt der in der Bhagavad Gita erfasste Ausschnitt eine ganz andere Bedeutung. Die Zweifel des Arjunas waren offenbar berechtigt. Er ist in der Tat der Held dieses Heldengedichts, aber eben im Moment des Zweifelns!

Den Verfechtern der stets »uralten« und »arischen« Heldenmythen wie auch den Nationalsozialisten ging es um die Kämpfermentalität, frei von jeglichen Zweifeln stupide und treu ergeben die Pflicht erfüllend.

Gehalt und Aktualität der »arischen Sagenquelle«

Der zweite relevante Beitrag stammte aus der Zeitschrift »Werdandi«, Heft 1, 1908: »Die Bedeutung der arischen Sagenquelle für unsere heutige Kultur«.

Auf insgesamt vierzehn Seiten folgt Leopold von Schroeder dem »Weg zur arischen Urzeit«, da ihm die »überragende geistige Größe der arischen Völkerfamilie zum Bewußtsein gekommen«[119] sei.

Dementsprechend geht es ihm um »altarische« Kultur und Religion sowie das »altarische« Recht. Den größten Reichtum des altarischen Sagenschatzes sieht er in den Liedern des Veda, die den arischen Brüdern, deren Welt nun in Trümmern liegt, zu Hilfe kommt. Er rühmt den vedischen Gott Indra. Der »gewaltige Trinker berauschenden Trankes«[120] imponierte dem »urwüchsigen Volk« und dem Indologen Leopold von Schroeder. In Herakles und Donar-Thor sieht er die abendländischen Entsprechungen zu Indra.

Am Ende seines Beitrags kommt er auf Richard Wagner zu sprechen, den er bewundert, aber ebenso sei der vedische Dichter des Pururavas-Liedes zu bewundern wie auch der Dichter der Geschichte von Amor und Psyche, denn

»ihre Schöpfungen strömen im letzten Grunde aus der arischen Sagenquelle hervor (…) Und wenn wir in Wagners Lohengrin, im Tannhäuser wie in der Brünhildedichtung von geheimnisvoll

119 Leopold von Schroeder, Reden und Aufsätze, Seite 393
120 Ebd., Seite 402

elementaren Gewalten uns gepackt und hingerissen fühlen, widerstandlos – dann geschieht solch eine Wunder gewiß nicht zum kleinsten Teile eben dadurch, daß wir, ohne es zu wissen und zu ahnen, hinabtauschen in den uralten Sagenquell unserer vieltausendjährigen arischen Vorzeit.«[121]

Somit spannt er den Bogen von den Veden und der Bhagavad Gita, die er zeitlich falsch einordnet, zum 19. und 20. Jahrhundert, was er 1916 nochmals in der Osterbeilage der Zeitschrift »Ostdeutsche Rundschau« mit dem Beitrag »Auferstehung des Ariertums« darstellte.

2.2 Gelehrter Yoga-Experte und SS-Hauptsturmführer: Der Tübinger Indologe (Jakob) Wilhelm Hauer (1881–1962)

Was der Tübinger Gelehrte und Yogaforscher mit starker Affinität zum Nationalsozialismus unter Yoga verstand, lässt sich mit vier Worten zusammenfassen: Tat, Kampf, Pflicht und Schicksal. Als Yogaforscher und Schriftgelehrter beeinflusste er das Verständnis von Yoga-Geschichte und Yoga-Philosophie über Generationen in Deutschland und über Deutschland hinaus.

J. W. Hauer wirkte ab 1925 als Professor für Indische Philologie in Marburg. Ab 1927 war er Professor für Allgemeine Religionsgeschichte und Indologie an der Universität Tübingen, wo er bis zu seiner Inhaftierung 1945 arbeitete. Als Buchautor veröffentlichte er das für die Yoga-Forschung wichtige Werk »Der Yoga als Heilsweg« (1932), das 1958 (um einen zweiten Teil erweitert) unter dem Titel »Der Yoga. Ein indischer Weg zum Selbst« erschien und diverse Abhandlungen vereint, die in den 1920er und 1930er Jahren erschienen waren.

121 Ebd., Seite 404 f.

Rezeption und Deutung des Yoga

Hauers »Yoga-Praxis« bzw. Yoga-Verständnis war eng mit seiner politischen Weltsicht verknüpft, in der Rasse und Religion, Deutscher Glaube und Pflichterfüllung gegenüber dem Führer und dem nationalsozialistischen Regime zentrale Begriffe waren. Dafür setzte er sich ab 1931 vehement ein.

Dementsprechend war Hauers Yoga-Verständnis, das nur den klassischen Raja-Yoga[122] gelten ließ, zunehmend geprägt von einer Anpassung an die Gegebenheiten des Nationalsozialismus. So schrieb er die Anfänge des Yoga den aus Zentralasien in den Norden Indiens einwandernden arischen Kriegern zu und bezog sich spekulativ auf die Beschreibung eines Rausch- und Ekstase-Zustandes im Veda.

Tatsächlich ist in den Veden nicht einmal ansatzweise von Yoga die Rede. Das Wort *yoga* taucht im Rigveda einmal auf, aber im Sinne des Anschirrens der Pferde zwecks neuer Überfälle und Eroberung von Siedlungen der Induskultur.

Über die Aufgabe des Yoga äußerte sich Hauer am 10. April 1941 in einem Brief an Dr. Kaufmann aus Söflingen. Er vertrat die Ansicht, »dass uns der indoarische Weg zwar allerlei Anregung geben kann, weil dort gültige Wahrheiten entdeckt sind, dass uns aber unser Weg, wie sie auch sagen, das Wirken ist.« Wie dieses Wirken auszusehen habe, dazu sei »einiges« in seinen Ausführungen zur Bhagavad Gita zu finden. Ganz im Sinne der nationalsozialistischen Ideologie ging es ihm um »eine indo-arische Metaphysik des Kampfes und der Tat«.[123] Dem entsprechend schließt sein Brief mit einer Warnung: »Versuchen Sie nicht den Weg in erster Linie über Meditation, sondern über die Tat, von der aus wir dann zur Einsicht vorstoßen.«[124]

122 Wird auch als der »königliche Yoga« bezeichnet; identisch mit dem achtstufigen Yogakonzept, das im »Yoga-Sutra« des Patanjali dargelegt ist. Körperübungen (āsana) spielen dabei keine Rolle.

123 Untertitel: Die Bhagavadgita in neuer Sicht, Stuttgart 1934

124 Quelle: BArch N 1131/135, Seite 381

J. Wilhelm Hauer, Yoga-Gelehrter an der Universität Tübingen

In einem Brief an Emma von Pelet, die Schweizer Herausgeberin des Raja-Yoga-Buches von Vivekananda, hatte sich Hauer bereits im Februar 1941 von Yoga distanziert, weil er seine »ganze Kraft im Kampfe um die weltanschauliche Erneuerung unseres Volkes« verwenden und deshalb seine indologischen Forschungen und »vor allem auch den Yoga« zurückstellen müsse.

Neu war diese Distanzierung bzw. Akzentverschiebung allerdings nicht, denn im gleichen Brief stellt er fest: Dass »ich mich nicht mehr so intensiv wie vor Jahren mit dem Yoga beschäftigt habe, hängt aber auch noch damit zusammen, dass sich meine Stellung zum Yoga selbst einigermaßen gewandelt hat.« Er glaube noch an einen bedingten Wert, aber nicht mehr an einen radikalen Wert des Yoga. Insofern der Yoga der »Tatkraft klare Zielstrebigkeit« verleihe, schätze er ihn als Methode. Sollte sich jedoch das

»Schwergewicht unseres Strebens und Denkens« auf Yoga beziehen, sei dies eine Gefahr. Was hingegen erkannt werden müsse, sei, »dass wir ein Schicksal haben und dass dieses Schicksal bestimmt ist von Raum und Blut unserer Art.«[125]

Im Mai 1932 hatte Hauer noch stolz verkündet:

»Der Yoga ist mein Spezialfach und ich werde wohl immer von neuen Seiten wieder an ihn herantreten. Mein Vortrag über ›Yoga im Lichte der Psychotherapie‹ war ja nur sozusagen ein Vorspiel, wie auch meine längst vergriffene Yoga-Praxis.«[126]

In der Folgezeit waren ihm jedoch die Ideologie des Nationalsozialismus und sein Denunziantentum im Sicherheitsdienst der SS wesentlich wichtiger.

Publikationen

Mit einer Arbeit über »Die Anfänge der Yoga-Praxis im alten Indien« hatte Hauer 1918 in Tübingen bei Prof. Richard Garbe promoviert.[127] Darin erklärte er die im Rig- und Atharva-Veda enthaltenen Passagen über Opferrituale und -gesänge sowie die durch Rauschgetränke erzeugte Verzückung als vermeintliche Vorstufe des Yoga. Dieser Text wurde 1922 im Stuttgarter Verlag Kohlhammer veröffentlicht, der sämtliche Werke von Hauer verlegte. Mit dem Verleger Dr. Walther Kohlhammer korrespondierte Hauer regelmäßig. Dabei ging es zumeist um Honorarfragen, um mögliche Übersetzungen und um Absatzzahlen[128] oder auch um die Genehmigung der Wirtschaftsstelle des deutschen Buchhandels.

125 Quelle: BArch N 1131/135, Seite 58

126 Brief an Herrn Spiegelberg vom 24. Mai 1932; Quelle: BArch N 1131/170, Seite 423

127 Es ist so, als würde man den regelmäßigen Genuss von Alkohol als ›christlich‹ bezeichnen.

128 Am 16. Juli 1936 meldete Dr. Kohlhammer folgende Absatzzahlen: »Vom Yoga I sind verkauft 645 Stück… Der Vorrat beträgt noch über 1000 Stück. Von der Metaphysik sind verkauft 547 Stück… Der Vorrat beträgt etwas über 100 Stück.« Quelle: BArch N1131/139, 102

Diesbezüglich sicherte Kohlhammer in einem Brief vom 30. April 1943 zu, dass es sicher gelingen werde, die »Papierbewilligung doch durchzudrücken«, und zwar »mit Hilfe von Wüst oder des Reichsführers-SS«.[129] Dies macht deutlich, in welchem politischen Umfeld sich der Verleger bewegte.

Als Hauer 1927 auf den Lehrstuhl für Allgemeine Religionsgeschichte und Indologie an der Universität Tübingen berufen wurde, veröffentlichte er seine Spekulationen über vedische Männerbünde in »Der Vratya. Untersuchungen über die nichtbrahmanische Religion Altindiens«. Mit dem Sanskritwort *Vratya* wurde in den Veden eine Bruderschaft bzw. ein Männerbund bezeichnet. Ihr Anführer war der vedische Gott Rudra. Den Einfluss dieses *Vratya* auf den Yoga fasste Hauer folgendermaßen zusammen: »Er hat Wesentliches beigetragen zu dem allgemeinen Typ des ›heiligen Menschen‹, der mit übernatürlicher Macht geladen, segenspendend und fluchbringend umherzieht.«[130] Allein daran ist klar zu erkennen, wie Hauer Übereinstimmungen zwischen Yoga und Männerbünden (er)findet, wo keine sind. Auch die von ihm behauptete »Tatsache«, dass der *Vratya* »sitzend zur Majestät und zum Ozean wird und bis an die Enden der Erde reicht (Lied 7), daß die ewigen Mächte ihn dienend umgeben und er einer Unsterblichkeit (sic!) mit den Göttern (Lied 17), ja schließlich in Lied 1 zum Urgott wird«, hat nichts mit Yoga zu tun. Zum anderen gibt Hauer zwar als Quelle einzelne Lieder des 15. Kapitels des Atharvaveda an, zitiert aber keines davon.

Ab 1930 stand Hauer mit dem Arzt Dr. med. Helmut Palmié in Kontakt und wirkte beratend an der von jenem 1931 herausgegeben Zeitschrift »Yoga« mit, für die Hauer zwei Beiträge lieferte. In dem Aufsatz »Yoga und Zeitenwende« bringt Hauer nicht nur seine persönlichen Vorlieben und Abneigungen in Bezug auf Yoga zur Sprache, er weist Yoga zudem eine Aufgabe im sozialen und politischen Umbruch zu, deutet Yoga als eine für den gesellschaftlichen Wandel willkommene und geeignete effiziente Methode, die

129 Quelle: BArch N 1131/117, 468
130 Hauer, Der Yoga, Seite 27

den Einzelnen innerlich wappnet für die bevorstehenden Kämpfe. Er schreibt:

»In diese Umwälzung hinein gehört das Fragen nach dem Yoga, denn ihr entscheidendes Kennzeichen ist das Ringen um den ›unerschütterlichen Ort‹, an dem wir den ungeheuren Andrang der Welt gegen die Seele zu meistern vermögen.«[131]

Am Ende seines Aufsatzes, mit dem die »Introductiones« der Internationalen Zeitschrift für wissenschaftliche Yoga-Forschung »Yoga« beginnen, formuliert er auch seine Vision, welche Aufgabe dem Yoga künftig zukomme:

»Der Yoga könnte zu einer machtvollen Anregung werden in unserem Bemühen um neue Wege seelischer Bildung, ohne die unsere Kultur unentrinnbar dem Unheil verfallen wird.«[132]

Solche Sätze klingen für sich stehend unverfänglich. Sie bekommen jedoch eine andere Bedeutung und Gewichtung, wenn man bedenkt, dass Hauer sich ab 1930 völkisch orientierte und sich für die nächste Tagung des Köngener Bundes[133] ausdrücklich kompetente Vertreter des Nationalsozialismus als Redner wünschte, wie er am 09. Januar 1931 in einem Brief an Fritz Stockmeyer schrieb.[134] Er wandte sich zudem zwei Mal an Alfred Rosenberg und lud auch diesen zur nächsten geplanten Tagung ein. Beantwortet wurden diese beiden Anfragen von Rosenberg jedoch nicht.

1932 erschien der erste, oben bereits erwähnte Band von »Der Yoga als Heilweg«, der eine Einführung in die Geschichte des Yoga sowie eine Interpretation des Yoga-Sutra enthält. Im Vorwort gibt er einen umfassenden Überblick über die bereits erschienenen Arbeiten zum Yoga in Deutschland und verweist auf das Manko, dass dennoch »keine umfassende Darstellung« vorliege. Diese Lücke möchte er selbst füllen:

---

131 Palmié, Yoga, Seite 5

132 Ebd., Seite 8

133 Der »Bund der Köngener« oder auch »Köngener Bund« war ein deutscher Jugendverband. Er entstand 1920 aus Älterengruppen der Schülerbibelkreise (BK), die von der deutschen Jugendbewegung beeinflusst waren, und löste sich 1934 auf.

134 Siehe Margarete Dierks, Jakob Wilhelm Hauer, Seite 199

»Der Westen sucht neue Wege nach innen in der Hoffnung, dort Quellen neuer Kraft zu entdecken. So irrlichternd dieses Suchen lange Zeit auch gewesen sein mag, heute fragt eine Bewegung von Ernst und Bedeutung nach diesen neuen Wegen, nämlich die Psychotherapie. Für sie wird auch, glaube ich, der Yoga die fruchtbringendsten Anregungen bieten können. Im Blick auf diese Situation ist das Buch in erster Linie geschrieben.«[135]

Yoga kompatibel mit dem Nationalsozialismus

Vom tantrischen wie auch vom Hatha-Yoga grenzt sich Hauer in seinen Schriften deutlich ab. Der Gedanke der Symbiose und der Einheit von Innerem und Äußerem ist ihm offenbar fremd. Er belässt es bei theoretischen Diskursen und macht den Yoga im Kontext des Nationalsozialismus gesellschaftsfähig.

In der eingangs bereits erwähnten Schrift zur Bhagavad Gita »Eine indo-arische Metaphysik des Kampfes und der Tat«, die 1934 erschien, formulierte Hauer sein Anliegen, mit diesem Pamphlet die Grundgedanken der Bhagavad Gita »aus einer neuen Sicht der deutschen Generation zu vermitteln, die um Gestaltung des gesamten völkischen Lebens aus tiefen Gründen kämpft... Hier ist Geist von unserem Geiste am Werk gewesen.«[136] Er begründet dies in der Einleitung damit, dass die »einzige Frage«, um die es in der Bhagavad Gita gehe, die Frage nach dem unausweichlichen Schicksal sei. Dies hielt er für ein

»uraltes indogermanisches Motiv: Der Widerstreit in der Pflicht des Kriegers, der für Ehre und Reich kämpfen muß und dabei am eigenen Blute schuldig wird. (...) Es ist bezeichnend für indogermanisches Seelentum, daß gerade an dem Widerstreit von Kriegerpflicht und Liebe zum eigenen Blut der Pflichtenkonflikt des Lebens gestaltet wird.«[137]

135 Hauer, Der Yoga, Seite 12 f.
136 Hauer, Eine indo-arische Metaphysik, Seite VI
137 Ebd., Seite 4

Eine Ausgabe von »Eine indo-arische Metaphysik des Kampfes und der Tat« ging mit persönlicher Widmung des Verfassers an Adolf Hitler. Sie befand sich in dessen Bibliothek.

Die letzte indologische Publikation Hauers vor dem Ende des Nationalsozialismus erschien 1937 unter dem Titel »Glaubensgeschichte der Indogermanen. Erster Teil: Das religiöse Artbild der Indogermanen und die Grundtypen der indoarischen Religion«, eine Aufsatzsammlung, die als mehrbändige Ausgabe geplant war. Es blieb jedoch bei diesem ersten Band. Der Indologe Helmuth von Glasenapp schrieb über dieses Buch, dass Religion darin in »willkürlicher Weise vom Gesichtspunkt der Rassenforschung betrachtet«[138] werde. Entsprechend martialisch formulierte Hauer seine Anschauung:

»Es ist die namen- und gestaltlose Ewigkeit im eigenen Wesen, die sie sieghaft über allem stehen läßt. Was ist Tod, Sieg oder Niederlage angesichts dieser stillen Ewigkeit. So konnte der Krieger furchtlos und mit letztem Mute fechten für sein Land, an das er durch Blut und Geschichte gebunden war.«[139]

Damit rechtfertigte Hauer bereits zwei Jahre vor Beginn des 2. Weltkrieges das Morden nationalsozialistischer »Krieger« und erhöhte es zur Heldentat.

1949 wurde Hauer vom »Staatskommissariat für die politische Säuberung Tübingen-Lustnau, Spruchkammer für den Lehrkörper der Universität« als »Mitläufer« des Nationalsozialismus eingestuft und unter »Gewährung der gesetzlichen Pension« in den Ruhestand versetzt. Die Kosten des Entnazifizierungsverfahrens musste Hauer tragen, es waren 15.700 DM. Die mehrseitige Begründung der Spruchkammer macht deutlich, dass dieses milde Urteil aufgrund zahlreicher Unwahrheiten und Falschaussagen Hauers sowie auf Grund mehrerer Gefälligkeitsgutachten von Kollegen zustande kam.

---

138 Quelle: BArch, N 1131/209

139 Hauer, Glaubensgeschichte der Indogermanen, Seite 292

Als »Edeling« kämpfen, 1955

Die »Arbeitsgemeinschaft für freie Religionsforschung und Philosophie« veröffentlichte mehrere »Rundbriefe für geistige Erneuerung und lebensgesetzliche Daseinsordnung«. Sie waren mit »Wirklichkeit und Wahrheit« überschrieben. Im fünften und sechsten Rundbrief vom Januar/Juli 1955 erschien ein Beitrag von J. W. Hauer über Ernst Jünger, dem er den Titel »Eine Gestalt des Umbruchs« gab.

Er spürt bei Jünger »überall die ›soldatische‹ Schulung« (Seite 27), und er kann es sich nicht versagen, auf die »klassischen Stellen der Bhagavadgita hinzuweisen, wo der Kriegerseher Krischna, seinem Fürsten Ardschuna (…) verkündigt, (…) wer ihn kenne fürchte sich nicht vor dem Tode« (Seite 27). Der Tübinger Indologe Hauer, der sich um den eigenen Kriegseinsatz drückte, meint auch 1955 noch, dass es die wichtigste Aufgabe sei, als ein »Edeling« [sic!] zu kämpfen, natürlich »unbekümmert um Sieg und Niederlage«, denn man müsse »als Krieger die im [sic!] aufgetragene Pflicht« tun, um das »siegkräftige Dasein eines Kernwesens in sich« (Seite 28) zu erfahren.

Von dieser Uneinsichtigkeit ist auch die erweitere Neuauflage von »Der Yoga als Heilweg« geprägt, die 1958 im Kohlhammer-Verlag Stuttgart erschien. In seinem nun überarbeiteten Standardwerk zur Entwicklung des Yoga blieb Hauer trotz »völlig umgearbeiteter und erweiterter Auflage« im Wesentlichen bei seinen 1932 veröffentlichten Darstellungen, Irrtümern und Bewertungen.

Im Klub alter NS-Kameraden

In den nachfolgenden Jahren blieb es bei kurzen Beiträgen, die überwiegend in der Zeitschrift »Wirklichkeit und Wahrheit« veröffentlicht wurden, die aus Hauers gleichnamigen Rundbriefen hervorging, herausgegeben von der von ihm 1956 gegründeten »Freien Akademie«. Die »Freie Akademie« war ein Klub alter NS-Kameraden, zu dem Hans Grunzky (1902–1988), Hauptlektor für

Philosophie im Amt Rosenberg, und der SS-Arzt und Verfechter der NS-Rassenhygiene Lothar Stengel-Rutkowski (1908–1992) gehörten.

Das Spektrum der von Hauer behandelten Themen reichte von »Wodan-Odin – Ist er ein Fremdgott?« (1951) bis zu »Ernst Jünger – Eine Gestalt des großen Umbruchs« (1955) und »Ist Yoga ein Weg zum Heil?« (1961).

Stellenwert der Veröffentlichungen

Bei allem Respekt vor Hauers sachkundiger Erforschung, Analyse und Bewertung von Quellentexten des Yoga bzw. des Hinduismus sowie entsprechender Sekundärliteratur bleibt neben der rechtsgerichteten Gesinnung auch bei der Bewertung seiner veröffentlichten Essays und Fachliteratur festzuhalten, dass diese zum Teil von groben Fehleinschätzungen und persönlich gefärbten Antipathien geprägt sind. So schreibt er zu Beginn des Kapitels über das Yoga-Sutra:

»Innerhalb des Vishnuismus und Sivaismus war ferner die Gefahr, dass sich die Erregung und Steigerung der unterbewussten Sphäre mit der immer im Hintergrund drängenden orientaliden Erotik verband und die Yoga-Bewegung in dieser Sphäre sich vertobte und schließlich verebbte.«[140]

Gerade im Kontext des Kaschmirischen Sivaismus[141] wie auch im Hinblick auf das Yoga Sutra und die Hatha-Pradipika[142] ist eine solche Anmerkung nicht nachvollziehbar und schlichtweg unqualifiziert, da im Yoga Sutra Askese, Keuschheit (*brahmacharya*) und Reinheit im Vordergrund stehen. Mit der »orientalen Erotik« meinte Hauer wohl den Einfluss des Tantra und die den Körper als Tempel feiernden Konzepte des Hatha-Yoga. Aber auch dort

---

140 Hauer: Der Yoga, Seite 222

141 Monistische Glaubensgemeinschaft, in der religiöse Offenbarungstexte als unmittelbarer Ausdruck des Hindugottes Shiva betrachtet werden.

142 Quellentext des Hatha-Yoga, im 14. Jahrhundert von Svatmarama verfasst

geht es weniger um »Erregung« und Erotik, sondern um Selbstbeherrschung, Sublimierung und die Erfahrung des Einsseins sowie um Reinigungstechniken und um schweißtreibende Körper- und Atemübungen.

Tief hinein ins Politische

Dank der 606 Seiten umfassenden Biographie[143] »Jakob Wilhelm Hauer. Leben. Werk. Wirkung« von Margarete Dierks, die 1986 im Heidelberger Lambert Schneider Verlag erschien, ist es gut möglich, sich ein umfassendes Bild vom Leben und Werk des 1881 in Ditzingen bei Stuttgart geborenen Jakob Wilhelm Hauer zu machen.

Da die Autorin jedoch selbst überzeugte Nationalsozialistin[144] war und nach 1945 blieb, sind ihre Einschätzungen und Kommentare mit Vorsicht zu genießen. Aufschlussreicher und ergiebiger ist die umfangreiche Korrespondenz von Hauer, die das Bundesarchiv Koblenz als Teil des Nachlasses aufbewahrt. Allerdings fehlen auch dort belastende Briefwechsel, wie z.B. mit dem Reichsführer SS Heinrich Himmler. Auf diese Briefe an den Reichsführer SS wird jedoch in anderen Briefen von und an Hauer 1935, 1938, 1941 und 1942 mehrfach Bezug genommen, u.a. in den Briefen[145] an den »lieben Kollegen und Kameraden« Walther Wüst (1901–1993),

143 Trotz des erheblichen Umfangs und vieler Details ist die Biographie gut lesbar und wissenschaftlich aufbereitet (mit Quellennachweisen, Auflistung sämtlicher Veröffentlichungen, Anmerkungen). »Positiv anzurechnen ist der Biographin, dass sie die Jahre 1933 bis 1945 in ihrer Darstellung nicht ausspart.

144 Margarete Dierks (1914–2010), Philologin und Journalistin, NSDAP-Mitglied seit April 1940, blieb nach 1945 dem Nationalsozialismus und Vertretern der Neuen Rechten verbunden. Noch im Jahr 2000 fragte sie in einem Zeitungsinterview, warum sie nicht für »Persönlichkeiten« eintreten solle, »die nach 1945 verfemt wurden, wie zum Beispiel Hans Grimm (Autor von ›Volk ohne Raum‹) oder auch Hans Baumann (Verfasser des HJ-Liedes ›Heute gehört uns Deutschland und morgen die ganze Welt‹).«

145 Quelle: BArch, N 1131/140, Seite 315f. und 338

einem der aktivsten Wissenschaftler im Nationalsozialismus, Indologen und Rektor der Universität München von 1941 bis 1945, mit dem Hauer häufiger korrespondierte. In diesen Briefen an Wüst berichtete Hauer u.a. von seinen Aktivitäten für den SD[146] oder stellte fest, der Unterschied zwischen ihm und Wüst liege darin, »dass ich, durch Schicksal und Anlage gezwungen, viel unmittelbarer in den Weltanschauungskampf eingreifen musste.«[147]

Aber auch ohne diese (verschollenen) Briefe wird schnell deutlich, dass Hauer ab 1931 ein aktiver und überzeugter Nationalsozialist war.

Einerseits äußerte sich Hauer eher zurückhaltend, wenn es um die »Judenfrage« bzw. um Antisemitismus ging, doch andererseits setzte er sich bereits 1927 aufgrund dessen jüdischer Herkunft gegen seinen Kollegen Otto Strauss ein. Er sei zwar ein »Gegner des landläufigen Antisemitismus«, schreibt Hauer am 28. Oktober 1927 an den Ministerialrat Prof. Dr. Windelband vom Preußischen Ministerium für Wissenschaft, Kunst und Volksbildung, aber »ich kann das der Marburger philosophischen Fakultät nicht verdenken, wenn sie sich gegen einen weiteren Juden wehrt, denn sie hat schon ein reichliches Element semitischen Blutes«.[148]

Sieben Jahre später schrieb Hauer an Alfred Rosenberg, dass jener seinen Einfluss geltend machen möge, damit die Hauptschriftleitung der »Orientalischen Literaturzeitung« von jemandem übernommen werde, der »weiß was völkische Haltung ist.«[149] Da Rosenberg auf diese Denunziation ebenso wenig reagierte wie zuvor das Reichserziehungsministerium, dem Hauer schrieb, es dürfe nicht zugelassen werden, dass »ein Jude in dieser wissenschaftlichen Zeitschrift die Indologie betreut«,[150] verschickte Hauer im November 1935 ein Rundschreiben an Kollegen, in dem er mitteilte:

146 Brief vom 10. 11. 1938, Quelle: BArch N1131/140, 317
147 Brief vom 10. 02. 1941, Quelle: Barch N1131/136, 338
148 Quelle: BArch N 1131 / 123, 393
149 Brief vom 06. Mai 1935, zitiert nach Junginger, Von der philologischen zur völkischen Religionswissenschaft, Seite 187
150 Brief vom 04. März 1935, ebd.

»Es muss aufhören, dass in Deutschland, wie das bisher der Fall war, Juden die Indologie betreuen.«[151] Otto Strauss verlor seinen Lehrstuhl in Breslau und seine Stelle bei der Orientalischen Literaturzeitung.

Hinsichtlich seiner politischen Ämter ist erwiesen, dass Hauer 1933 die Leitung der »Lehrgemeinschaft für arische Weltanschauung« übernahm und 1935 Mitglied des NSD-Dozentenbundes wurde. Fakt ist ebenso, dass er 1937 der NSDAP und 1938 der SS nicht nur beitrat, sondern aktiv und denunzierend wirkte.

Seine sittlichen und religiösen Prinzipien breitet Hauer in einem Brief an die Studienrätin Gertrud Degen aus Ehingen 1944 sehr ausführlich aus. Er schreibt, dieser Krieg sei »das grosse Schicksal« und dieses »Durchhalten ist, so möchte ich es nennen, eine deutsche Haltung, die so selbstverständlich ist. (…) Wenn der Feind angreift, wird jeder anständige Deutsche seine Pflicht tun und sich einsetzen bis zum Tod, welcher Konfession oder politischen Haltung er angehört.«[152]

Jede Art der Opposition lehnte Hauer strikt ab, denn auch, wenn sie zunächst rein religiös erscheint, so erstreckt sie sich in seiner Beurteilung doch »unversehens bis tief hinein ins Politische«. Und da war ihm die »Friedenspropaganda« zuwider. Wie bereits in dem Vortrag in Ehdingen, auf den sich die Korrespondenz zwischen Gertrud Degen und J. W. Hauer bezieht, bleibt Hauer dabei, dass er

»Gewalt für das Richtige halte und dass jeder aufgehängt werde müsse, der eine solche Propaganda [für Frieden und entsprechende Verhandlungen, d. A.] treibe. Inwiefern dies meine religiöse Sendung, wie Sie es nennen, antasten oder in Frage stellen könnte, sehe ich wirklich nicht ein. (…) Ich kann meinen Glauben nicht trennen vom Schicksal meines Volkes und ich hoffe, dass das, was ich zu sagen habe, dazu dient, dass auch die politischen Entscheidungen

151 Brief vom 06. November 1935, der u. a. an Wüst geschickt wurde, ebd.
152 Quelle: BArch N1131/117, Seite 152 f.

die richtigen werden, dass im Willen Adolf Hitlers in der Tat der Wille Gottes zum Ausdruck kommt.«[153]

Dies ist die Richtung seiner sittlichen und religiösen Prinzipien, in Anlehnung an die indoarische Metaphysik des Kampfes und der Tat, wie sie in der Bhagavad Gita dargelegt ist.

2.3 Walther Wüst (1901–1993), Indologe und SS-Oberführer

Walther Wüst studierte in München unter anderem Indologie und befasste sich insbesondere mit den Veden. Seine Karriere begann bereits zur Zeit der Weimarer Republik: Er promovierte mit 22 Jahren. Das Thema seiner Dissertation war der Schaltsatz[154] im Rigveda. Mit 25 Jahren wurde er Privatdozent und 1932 Professor. Die Sammlung von Götter-Hymnen und Opfer-Sprüchen des Veda beschäftigte ihn das ganze Leben.

Für »YOGA«, die 1931 von Helmut Palmié herausgegebene »Internationale Zeitschrift für wissenschaftliche Yoga-Forschung«, schrieb Wüst einen Beitrag über Dr. phil. Wilhelm Geiger, einem Professor für Indische und Iranische Philologie an der Universität München, dem dieser erste Band von »Yoga« zugleich gewidmet war, sowie einen mehrseitigen Verriss des Buches »The Vedic gods as figures of biology« von Vasant G. Rele.[155]

Zum Mitherausgeber Hauer hatte Wüst ein kollegial-freundschaftliches Verhältnis.

1933 wurde Walther Wüst Mitglied der NSDAP und ein Jahr später als Vertrauensmann (V-Mann) für den Sicherheitsdienst (SD) der SS tätig. Wegen seiner ideologischen Ausrichtung nannten ihn Studenten der Universität München »Rassen-Wüst«. Die offizielle Bezeichnung seiner Stelle lautete ab 1935: Ordentlicher

153 Quelle: BArch N1131/117, Seite 153

154 Deutsche Bezeichnung für Parenthese, einen in einen Satz eingeschobener anderer Satz

155 YOGA, Seite 15 bis 21 sowie Seite 125 bis 130

Professor für »Arische Kultur- und Sprachwissenschaft«, zudem war er Dekan der Philosophischen Fakultät München. Der SS gehört Wüst seit 1936 an, sein letzter Rang war der eines Standartenführers. Ein Jahr später wurde er Präsident der Forschungsgemeinschaft Deutsches Ahnenerbe und damit deren faktischer Leiter unter dem offiziellen Kurator, Reichsführer SS Heinrich Himmler.

Im Verlag der Ahnenerbe-Stiftung erschien 1938 die erste Auflage von »Tod und Unsterblichkeit. Aus Indogermanischem Weistum«, herausgegeben von Kurt Schrötter und Walther Wüst. Diese Schrift wurde ab 1940 in der NS-Bibliographie geführt und erschien in drei Auflagen. Das Anliegen dieser Publikation wurde vorangestellt:

»DAS IN DIESER SAMMLUNG GEBRACHTE INDOGERMANISCHE GEDANKENGUT OFFENBART UNS, DASS WIR DAS GESCHICK VERGANGENER UND KOMMENDER GESCHLECHTER ALS LETZTLICH UNSER EIGENES BEGREIFEN MÜSSEN. SO WERDEN DIE GRUNDSÄTZE, DIE HEUTE UNSERE LEBENSHALTUNG BESTIMMEN, DURCH ALTE WEISHEIT BESIEGELT. DIESES ALTE WEISTUM WIEDERUM FINDET IN UNSERER ZEIT SEINE ERFÜLLUNG.«

Das Spektrum der Zitate reicht vom indischen Rigveda, verschiedenen Upanishaden (darunter die Yogatattva-Upanishad) und mehreren Seiten aus der Bhagavad Gita bis zu Meister Eckhart, Johann Wolfgang von Goethe, Arthur Schopenhauer und Adolf Hitler. Quellenangaben gab es ab der zweiten, verbesserten und erweiterten Auflage, die 1939 erschien.

Der Beginn des Zweiten Weltkrieges hat sich auf die Auswahl der Verse spürbar ausgewirkt. So wird aus der Chandogyya-Upanishad folgender Vers wiedergegeben:

»Der Schauende schaut nicht den Tod,
nicht Krankheit und nicht Ungemach;
das All nur schaut der Schauende,
das All durchdringt er allerwärts.«[156]

156 Tod und Unsterblichkeit, 1942, Seite 34

Und aus der Bhagavad Gita, übertragen und eingeleitet von Leopold von Schroeder, wurden jene Abschnitte ausgewählt, in denen es um die Ethik des Kriegers und dessen »pflichtgemäßen Kampf« geht. Nach vier Seiten mündet das Zitat aus dem zweiten Kapitel der Bhagavad Gita im folgenden Vers:

»Gleichachtend Glück und Ungemach, Gewinn, Verlust, Sieg oder Tod, bereite nun zum Kampfe dich! So wird kein Übel dir zuteil.«[157]

Reden über »arische Geistesgeschichte«, »Entartung« und die deutsche Wehrmacht

Ebenfalls im Ahnenerbe-Stiftung Verlag erschien 1942 ein »Indogermanisches Bekenntnis« von Walther Wüst. Das 152 Seiten umfassende Buch enthält sechs Reden, die er in den »schicksalsvollen« Jahren 1936 bis 1942 »bei gewichtigen wissenschaftspolitischen Anlässen« hielt. Mit diesen Reden, so schreibt er im Vorwort, wollte er stets nur das Eine, »das Ewige sichtbar machen, das (...) unzerstörbar, unverlierbar zu uns spricht und immerdar sprechen wird«.

Zwei dieser Reden sind besonders aufschlussreich. Die Mischung aus Wahn und maßloser Selbstüberschätzung sowie der Bezug zu der vom Veda und Vedanta geprägten indischen Frühkultur (Wüst: »Frühariertum«, »altindoarisch«, »altindogermanisch«) wird darin deutlich. Die Lektüre der beide Reden offenbart prägnant und exemplarisch den geistigen Horizont bzw. Abgrund der NS-Ideologie.

Die Rede vom 12. Mai 1939, gehalten auf der Festsitzung der Deutschen Akademie in der Aula der Universität München, basierte auf einem Aufsatz von 1934, der für die Rede überarbeitet und erweitert wurde. Der Titel »Deutsche Frühzeit und arische Geistesgeschichte« blieb gleich.

Bemerkenswert ist, dass er die von ihm so geschätzten arischen Stämme als Schmarotzer ansieht, die sich im Kampf mit der nicht-

---

157 Ebd., Seite 45

arischen »Wirtsbevölkerung« befinden. Möglicherweise war ihm dieser Zusammenhang bei seiner Wortwahl gar nicht bewusst.

Zugleich meinte er, die Worte »Arier« und »arisch« seien von »unzerstörbarer Mächtigkeit«. Er lobte Houston Stewart Chamberlain für seinen Wortgebrauch, da er die »geadelten« Ausdrücke ›indoarisch‹ und ›Indoarier‹ nicht durch ›indische‹ und Inder‹ ersetzen« wollte. Und dieses »Indoarische« speise sich aus der »vedischen Brunnenkammer«, vor allem aus dem Rigveda, dem Atharvaveda und dem Yajurveda. Wüst ist des Lobes voll für das alte Indien: »Brille, Reis und Zucker und viele andere köstliche Sachen hat uns Indien besorgt«.[158] Aber auch den Yoga nennt er eine Errungenschaft und hebt ihn positiv hervor:

»Kulturgeschichtlich zweideutige, trübere Einfuhr hat das Abendland aus Indien bezogen in Gestalt der Anthroposophie oder des neueuropäischen Buddhismus, während der Yoga durchaus als ernstzunehmender Wert behandelt werden muß, baut er sich doch, wie J. W. Hauer erkannt hat, auf gültigen indogermanischen Glaubenskräften der inneren Schau und seelischen Sammlung auf.«[159]

Neben dem Tübinger Indologen J. W. Hauer und Wagners Schwiegersohn H. St. Chamberlain hebt Wüst das Gesamtwerk von Hans F. K. Günther hervor. Alle »maßgebenden Einsichten« seien darin enthalten. Einige dieser Einsichten sind für Wüst aber besonders relevant, »so zuallererst die wichtigen Zeugnisse adelsstolzen Rassegefühls und bewußter adelsbäuerlicher Rassenpflege, die wir aus Frühariertum und Frühgermanentum einander gegenüber stellen konnten, mit einem Ausblick auf die geistige Haltung unserer Gegenwart, ihre Aufgaben, ihre Pflichten.«[160]

Die zweite Rede, auf die ich hier eingehen möchte, wurde am 5. Juli 1941 anlässlich der Übernahme des Rektorats der Ludwig- Maximilians-Universität München gehalten und von der Gesellschaft von Freunden und Förderern der Universität für ihre Mitglieder unter dem Titel »Indogermanisches Bekenntnis« veröffentlicht.

---

158 Wüst, Indogermanisches Bekenntnis, Seite 39

159 Ebd.

160 Ebd., Seite 45

Walther Wüst, Indologe und SS-Oberführer

Zunächst preist Wüst die »geniale, unerschüttert sichere Hand des Führers und Feldherrn«. Dieser verfechte gerade (»in diesen Tagen und Monden«) den »bislang gewaltigsten Anspruch deutscher Größe«. Gemeint war damit vermutlich der Angriffskrieg auf die Sowjetunion, den die Nazis entweder als »Ostfeldzug« oder als »Russlandfeldzug« bezeichneten und der zwei Wochen vor dieser Rede begann.[161]

Wüst setzt seine Rede mit einer Aufzählung fort, welche Länder die deutsche Wehrmacht bereits überwältig oder erstürmt habe: Polen, Norwegen, Holland, Belgien und Frankreich.

Diese Angriffskriege und Eroberungen rechtfertigt Walther Wüst in seiner Rede wie folgt:

161 Angriff auf die Sowjetunion: 22. Juni 1941

»Indogermanischer Ausgriff [sic!] ist weder schmarotzerhafte Ausbeute durch einen Einzelnen, wie wir es von Juden kennen, noch regellos zerflatternder Reiterausfall von Nomaden (…) Indogermanischer Ordnungsgedanke erwächst in einem höheren Sinne den kriegerischen Notwendigkeiten, die für uns wie für unsere Ahnen kein Zustand, sondern eine Voraussetzung menschlicher Gesittung sind.«[162]

Und wieder einmal geht es ihm um die »Ausruhebene zur Bewältigung immer neuer Unendlichkeit«.[163] Als Rektor der Universität München musste er sich offenbar keine Gedanken über die Sinnhaftigkeit solcher Aussagen machen. Angesichts einer Vielzahl ähnlich kryptischer Formulierungen stellt sich die Frage, ob er bei diesen Reden nüchtern gewesen ist.

Nachdem Wüst aufgelistet hat, welche Länder bereits von der deutschen Wehrmacht überwältigt und besiegt wurden, lobt er »das Friedenswerk [sic!] des Führers« und kommt erneut auf den Rigveda zu sprechen, in dem »diese Nicht-Arier als plattnasig und schwarzhäutig« geschildert werden. »Der tödliche Haß gegen den Andersartigen ist hier wie dort nicht zu verkennen.«[164]

Zur Legitimierung des Krieges, der Vernichtung der Juden und all der sonstigen Verbrechen brauchte es offenbar immer wieder den Rückgriff auf die »indoarische/indogermanische« Frühgeschichte bzw. deren Hymnen und auf indische »Weisheitsliteratur«. Wüst zieht daraus für sich und die Zuhörer seiner Rede folgendes Fazit:

»Es kommt nicht auf fragwürdigen Fortschritt an – Fortschritt wohin? –, sondern auf wesenskräftige Entfaltung eines ewig Gleichen, ewig Lebendigen. Dieses Dauerbewusstsein heißt auch ›Treue‹, Treue zum Führer, Treue zum Volke, Treue zu sich selbst.«[165]

Wüst sieht dies erfüllt bei der SS, aber ebenso bei dem antiken griechischen Philosophen Platon. Dieser habe »in ähnlicher Weise wie die indoarischen Upanisaden oder Zarathustra oder Zarathu-

162 Wüst, Indogermanisches Bekenntnis, Seite 105
163 Ebd.
164 Ebd., Seite 108
165 Ebd., Seite 114

stras deutscher Bruder, Nietzsche, die Wiederkehr des Helden kühn behauptet und die Erweckung angeborener Gaben«[166] gefordert.

Wüsts Weltsicht: Nichts von dem, was gerade geschieht, ist schlecht oder in Zweifel zu ziehen. Der von ihm formulierte Anspruch ist affirmativ und über jeden Zweifel erhaben:

»Immer wieder hat indogermanisches Menschentum dieses Bekenntnis zum Gesunden, diese Absage an jedwedes Ungesunde ausgesprochen«.[167]

In der Organisation der dem NS-Staat dienenden Wissenschaften spielte Wüst eine führende Rolle. In seine Amtszeit als Rektor der Universität München (1941–1945) fällt die Verhaftung der Geschwister Scholl im dortigen Hauptgebäude. Walther Wüst war daran persönlich beteiligt.

1945 wurde Wüst von den Besatzungsbehörden verhaftet und bis 1948 im Internierungslager Dachau gefangen gehalten. Die Hauptkammer München stufte Walther Wüst am 9. November 1949 im Entnazifizierungsverfahren als »Belasteter« ein und verurteilte ihn zu drei Jahren Arbeitslager. Durch die Internierungshaft hatte er diese drei Jahre jedoch bereits abgebüßt. Durch das Entnazifizierungsverfahren verlor er das Recht auf freie Berufsausübung. Er war seit 1951 »Professor zur Wiederverwendung«, erhielt aber keinen Lehrstuhl mehr. Zuletzt veröffentlichte er die Broschüre »Von indogermanischer Dichtersprache« im Münchner Antiquariat Kitzinger. Sie erschien 1969 und ist inhaltlich so belanglos wie seine vorherigen Publikationen.

Eine kritische Auseinandersetzung mit Walther Wüst als »Führer-Rektor« der Universität München sucht man auf deren Webseite vergeblich. Walther Wüst wird dort lediglich in einem Satz erwähnt.[168]

---

166 Ebd.

167 Ebd., Seite 116

168 »Die Ernennung des Indologen und Präsidenten der nationalsozialistischen »Forschungsgemeinschaft Deutsches Ahnenerbe« Walther Wüst zum »Führer-Rektor« der Universität im Jahr 1941 führte dazu, dass seriöse Forschung und Lehre insbesondere in ideologieanfälligen Disziplinen zusehends zurückgedrängt wurde« Quelle: www.uni-muenchen.de – Abgerufen am 17. Oktober 2020

3. Adolf Hitler (1889–1945)

Während Heinrich Himmler seine Quellen und Lesefrüchte offenlegte, über seine Lektüre sprach und eine Leseliste anlegte, war Adolf Hitler stets bemüht, Spuren zu verwischen und die Herkunft seiner Ideen und Anschauungen zu verschleiern.

Umso bedeutsamer sind jene Personen, die er namentlich in »Mein Kampf« nennt und positiv hervorhebt. Dies sind Houston Stewart Chamberlain als »völkischer Schriftsteller«, Dietrich Eck-

Die Lektüre als das »granitene Fundament« seiner Weltanschauung, Hitler in Berchtesgaden, 1933

Hitler in Haft: In der Festung Landsberg, 1924

art als »völkischer Dichter und Märtyrer«, Arthur Schopenhauer als »deutscher Philosoph« und Richard Wagner als »Komponist«. Die Affinität zu Wagner geht aber deutlich über Wagner als Komponist hinaus. Hitler widmete ihm einen ganzen Abschnitt, der mit »Wagner-Verehrung« bezeichnet ist und nennt ihn in einem Satz und Zusammenhang mit Friedrich den Großen und Martin Luther. Jene vier, die er in »Mein Kampf« namentlich anführt, haben sich auch mit indischer Geschichte und Philosophie sowie Schriften des Yoga befasst und dazu Beiträge veröffentlicht.[169] Welche Spuren dies bei Hitler hinterließ, wird in diesem Kapitel ausgeführt.

169 In Bezug auf Richard Wagner siehe die Studie »Richard Wagner und die indische Geisteswelt« von Carl Suneson, E. J. Brill, 1989

Veranstaltungsplakat für München, 20. April 1923

3.1 Weltanschauung: Die Arier als »Lichtbringer« und »Bewahrer der Kultur« in »Mein Kampf«

In seinem Buch »Mein Kampf«, eine Mischung aus verklärender Autobiographie, die er in »Äußere Lebensgeschichte« und »Innere Entwicklung« unterteilt, und politischen Statements zum Weltgeschehen, benennt Adolf Hitler in einem Abschnitt über seine Wiener Lehr- und Leidensjahre sehr deutlich, wie und wodurch sich seine Weltanschauung herausbildete:

»Ich las unendlich viel, und zwar gründlich. (…) In wenigen Jahren schuf ich mir damit die Grundlagen meines Wissens, von denen ich auch heute noch zehre. (…) In dieser Zeit bildete sich mir ein Weltbild und eine Weltanschauung, die zum granitenen Fundament [sic!] meines derzeitigen Handelns wurden.«[170]

---

170 Hitler, Mein Kampf, Seite 21

Fasziniert von ihrem Anführer: SA-Leute im Braunen Haus in München

»Lektüre zwischen zwei Kundgebungen«, vor 1933

Picknick mit Obst, aber niemals Vegetarier

In Bezug auf die Thematik »Yogi Hitler« ist zudem ein Abschnitt vom Ende des ersten Bandes von Bedeutung. Im Kapitel »Volk und Rasse« kommt Hitler auf den »Arier als Kulturbegründer« zu sprechen. Er schreibt von der »Spur des einstigen Herrenvolkes«. Die »gebliebenen Schöpfungen der einstigen Lichtbringer« würden nun das Dunkel des gegenwärtigen Lebens aufhellen. Hiermit meint er die lange Zeit nur mündlich weitergegebenen Veden und die Upanishaden, von denen Quirin Engasser am 14. Januar 1935 im »Völkischen Beobachter« schrieb und sich dahingehend festlegte, dass Adolf Hitler sich mit indischer Yoga-Philosophie befasst habe.

Die Bhagavad Gita, der »Gesang des Erhabenen«, wurde von Indologen jener Zeit den Upanishaden bzw. dem Vedanta zugerechnet. Sowohl in den Upanishaden als auch in der Bhagavad Gita spielt Yoga eine bedeutende Rolle. Yoga wird in den Upanishaden erstmals definiert und ein mehrstufiger Entwicklungsweg beschrieben. In der Bhagavad Gita geht es um mehrere Arten des Yoga wie den Yoga der Erkenntnis und den Yoga der Gottesliebe, zudem findet sich darin die prägnante Aussage, dass Yoga nur

Hitler mit Max Amann, Direktor des Eher-Verlages

durch Yoga erkannt werden kann. Allein die persönliche Erfahrung und das Praktizieren zählen.

3.2 Die Stilisierung Hitlers zum Yogi in der Zeitung »Völkischer Beobachter« und in der Zeitschrift »Die Weiße Fahne«

Adolf Hitler schätzte offenbar die Upanishaden, wie der Schriftsteller Quirin Engasser am 14. Januar 1935 in der NS-Zeitung »Völkischer Beobachter« in einem Beitrag über Albert Schweitzer anlässlich dessen 60. Geburtstag schrieb:

Kulturpolitik und Unt

Tägliches Beiblatt zum „Völkischen Beobachter"

Der Doktor von Lambarene

Albert Schweitzer zum 60. Geburtstag

Von Quirin Engasser

Unsere Wünsche werden einen weiten Weg zurücklegen müssen, um Albert Schweitzer zu erreichen. Kurz vor Weihnachten hat er seine Heimat, das Elsaß, verlassen, um sich wieder unter der Glutsonne Äquatorialafrikas seinem Spital in Lambarene zu widmen.

Albert Schweitzer und ein Spital in Lambarene? Heißt nicht Albert Schweitzer ein Philosoph, Theologe und Geschichtsforscher, der mit einer langen Reihe von Werken hervorgetreten ist? Gibt es nicht einen Bach-Interpreten von Weltruf, einen Bach-Forscher, einen Verkünder des Orgelbaues und einer neuen Orgelkunst desselben Namens?

Derselbe Name und derselbe Mann! Derselbe, der noch in späten Jahren Medizin studierte und im Jahre 1913 seine erste Fahrt nach Afrika unternahm, um mitten im Urwald, ganz aus eigener Kraft, ohne Unterstützung eines Staates oder einer Missionsgesellschaft, ein Spital für jene Ärmsten der Elenden unter der Tropensonne, die Schlafkranken und Aussätzigen, zu errichten!

Ein Rückblick über das Leben Alb. Schweitzers und seine schriftstellerische Tätigkeit muß sich wie etwas Unfaßbares aus. Nahezu dreißig Werke von ihm liegen vor. Nur um die bedeutendsten zu nennen: Die Religionsphilosophie Kants; Geschichte der Leben-Jesu-Forschung; Zwischen Wasser und Urwald (in 13 Sprachen übersetzt) — eine zweibändige Kulturphilosophie; Das Christentum und die Weltreligionen; ferner Werke über Bach und Orgelbau!

[illegible]

Was er in seinen Erinnerungen „Aus meiner Kindheit und Jugendzeit" (ebenfalls bei Beck erschienen) als Mahnung allen denen mit auf den Weg geben möchte, die ihr Leben als eine ethische Verpflichtung aufzufassen bereit sind, hat durch ihn selbst die große Beweiskraft gefunden: „Wachset in eure Ideale hinein, daß das Leben sie euch nicht nehmen kann!"

Es scheint, als würde Albert Schweitzer das Geheimnis gefunden haben, das im Menschen alle Energien zur Entfaltung zu rufen und seine Leistungsfähigkeit den Veranlagungen anzupassen vermag! Er selbst spricht einmal von dem großen Wissen und dem großen Geheimnis dieser Kraftquelle. Aber es ist kein Geheimnis, sondern nur das warme Wort eines Kenners der Menschenseele: „Das große Wissen ist, mit den Enttäuschungen fertig zu werden! — Das ganze Geheimnis ist, als Unverbrauchter durchs Leben zu gehen! Solches vermag, wer nicht mit den Menschen und Tatsachen rechnet, sondern in allen Erlebnissen auf sich selbst zurückgeworfen wird und den letzten Grund der Dinge in sich sucht!"

Dieser nunmehr 13 Jahre zurückliegende Satz ist nicht nur die Lebensmaxime Albert Schweitzers, sondern auch der Schlüssel zu seiner Philosophie! Philosophie bedeutet ihm nicht Abstrahierung von dem körperlichen Sein in der Welt der Dinge, sie ist ihm vielmehr der Ursprung der Energien zur Meisterung des Lebens. Die Erlebnisse, mit denen der Weltkrieg ihn überschüttet hatte, müssen ihn mit einem kalten Schauer der mystischen Weltverneinung gestreift haben, denn sein letztes Werk, das er kurz vor seiner vierten Reise nach Lambarene zum Abschluß brachte, „Die Weltanschauung der indischen Denker", stellt eine Auseinandersetzung seiner ethischen Weltbejahung mit der mystisch-monistischen Weltverneinung der alt-indischen Philosophie dar. In die letzten Gründe dieses weltverneinenden Gedankengutes, in die Ursachen der von ihm angegebenen Widersprüche und Fehlschlüsse, konnte nur ein Denker hineinleuchten, der zur Bestimmung seiner eigenen Entschlüsse in sich selbst den Kampf zwischen diesen beiden Gegensätzen arischen Denkens austrug. Er hat, getreu seinen eigenen Worten, die Befreiung von dem Ballast der Enttäuschungen „im letzten Grunde der Dinge" gesucht und dort auch wieder gefunden. Er flüchtet vor der Enttäuschung zurück in die Philosophie, und von hier aus schlägt er eine neue Brücke zurück in die reale Welt. Es ist, als würde er, mit den erforderlichen Vorräten versehen, aus seiner Heimat zurückkehren auf das Kampffeld seiner getätigten Philosophie!

Lambarene ist daher ein Symbol für Albert Schweitzer, ja mehr noch: es ist der Beweis, daß die unter der Oberfläche des Bewußtseins bei Albert Schweitzer schon vor dem Weltkriege beginnenden Bemühungen um die Synthese des indischen Monismus mit der deutschen Ethik eine Vorahnung unserer heutigen Zeit enthielten. Es ist dasselbe arische Fühlen, das auch Adolf Hitler zum Studium der indischen Upanishaden geführt hatte, deren Durchdringung mit dem deutsch-arischen Denken auch ihm die Kraft zu seinem historischen Werke gab.

Suchen die Menschen eine Quelle der Kraft — oder wirkt diese wie das Naturgesetz des Magnetismus auf sie ein? Beides wird wohl eine intellektualistische Frage sein, denn erst aus beiden Faktoren zusammen entsteht die Kraft des Geistes, die Berge versetzt! Kräfte und Ideen wirken im Raume auf die Menschen ein, der Raum aber ist geschaffen durch Schicksal und eigene Tat. Dieses Schicksal dehnt sich über die offenen Wunden der Grenzziehung hinweg, es ist begründet in Sprache und Geschichte und läßt immer wieder, bald da, bald dort vor den staatlichen Grenzen Deutschlands einen Lichtpunkt aufleuchten, zum Zeichen, daß dort Menschen stehen, welche die heilige Tradition ihrer Sprache und ihrer Geschichte als Kernland deutscher Geisteskultur in treuen Händen verwahren!

Historischer Fund im Münsterland

Unter Leitung des westfälischen Vorgeschichtsforschers Dr. Stieren, des Leiters der vorgeschichtlichen Abteilung im Westfäl. Landesmuseum, hat man unweit vom Rhein ein großes Urnenfeld bloßgelegt, von einer Ausdehnung wie selten zuvor. Dieses Feld, das schon seit grauester Zeit den Namen Hilligenfeld führt, verrät schon auf dem Sandboden die deutlichen Spuren der Grabanlagen. Die Umrandung dieser Gräber bestand — das ergeben die Nachforschungen — entweder aus Gräben, die im Laufe der Zeit ausgefüllt wurden, oder aus Holzpalisaden. In der Mitte wurde die Urne mit der Asche und den Knochenresten beigesetzt. Die Größe des Friedhofs beweist, daß er entweder sehr lange benutzt worden ist oder die daran gelegene Siedlung ziemlich bedeutend gewesen sein muß. Feuersteinsplitter und einige Keramikscherben, die am südöstlichsten Rande gefunden wurden, deuten darauf hin, daß es sich um Überreste der jüngeren Steinzeit, bis 2000 v. Chr., handelt. Dieser Fund ist in allen seinen Einzelheiten deshalb von so großer Bedeutung, weil er von neuem beweist, wie das zum erstenmal der Schüler Gustav Kossinnas Dr. Stampfuß in Duisburg schon 1926 eindeutig bewiesen hat, daß schon vor mehreren tausend Jahren unsere germanischen Vorfahren eine hohe Kulturstufe erreicht hatten und ein vielseitiges kultisches und religiöses Leben führten. —ann.

Blick in eine Straße des Spitals

Auf dem Flußdampfer 1934

Beiblatt zum »Völkischer Beobachter«, 14. Januar 1935

»Es ist dasselbe arische Fühlen, das auch A d o l f H i t l e r zum Studium der indischen Upanishaden geführt hat, deren Durchdringung mit dem deutsch-arischen Denken auch ihm die Kraft zu seinem historischen Werke gab.«[171]

171 Völkischer Beobachter vom 14. Januar 1935, Ausgabe München

Quirin Engasser beim »Dichtertreffen« in Weimar, November 1940, veröffentlicht in der Zeitschrift »Das Reich«

Angesichts einer solchen Aussage in der NS-Zeitung »Völkischer Beobachter« des Jahres 1935 stellt sich die Frage, inwiefern Quirin Engasser als der Verfasser dieses Beitrags legitimiert war, sich dergestalt über den Reichskanzler zu äußern. Wer war Quirin Engasser?

Der 1907 in Neu-Breisach Geborene besuchte das Gymnasium in Kolmar, anschließend und für drei Jahre die Missionsschule »Weisse Väter« in Haigerloh und Rietberg. Er studierte in Heidelberg und Mannheim Geschichte, Literatur und Wirtschaftsgeschichte. 1933 wurde sein erstes Hörspiel im Reichssender München gesendet. Fortan lebte er als Schriftsteller, von 1933 bis 1935 war er zudem freier Mitarbeiter der NS-Tageszeitung »Völkischer Beobachter« in München.

Am 19. April 1939 stellte der »Völkische Beobachter« den ehemaligen Mitarbeiter Quirin Engasser in der Rubrik »Schrifttum – Deutsche Dichter unserer Zeit« vor. In dem umfangreichen und

Der Schriftsteller Quirin Engasser, redaktioneller Mitarbeiter beim »Völkischen Beobachter«

illustrierten Beitrag wurde der Werdegang Engassers als Hörspieldichter, Dramatiker, Erzähler und Verfasser von »Entscheidungsstunden der Weltgeschichte« ebenso ausführlich wie wohlwollend beschrieben.

Der oben zitierte Beitrag erschien zu einem Zeitpunkt, als er als redaktioneller Mitarbeiter regelmäßig Beiträge für den »Völkischen Beobachter« verfasste. Man kann davon ausgehen, dass die Schriftleitung bzw. der Chefredakteur den Beitrag abgesegnet hat. In Frage gestellt oder widersprochen wurde den von Engasser getätigten Aussagen in nachfolgenden Ausgaben der Zeitung nicht.

Zu der von Engasser formulierten Inspirations- und Kraftquelle passt ein von Timothy W. Ryback in dessen Buch »Hitlers Lektüre«[172] dokumentiertes Weihnachtsgeschenk von Himmler an Hitler.

Der Reichsführer SS schenkte dem »Führer« zu Weihnachten die Schrift »Tod und Unsterblichkeit. Aus indogermanischem Weistum«[173] von Walther Wüst. Neben Versen aus dem Rigveda enthält dieses Büchlein einige Verse mehrerer Upanischaden, so zum Beispiel Verse der Brahmabindu- und der Yogatattva-Upanishad. Es finden sich zudem und inhaltlich passend drei Sätze Hit-

172 Verlag Fackelträger, 2010
173 Ahnenerbe-Stiftung Verlag, 1940

lers über den Arier, in denen er den Aufopferungswillen lobt, der »am stärksten beim Arier ausgebildet« sei und dessen Selbsterhaltungstrieb »die edelste Form erreicht, indem er das eigene Ich dem Leben der Gesamtheit willig unterordnet und, wenn es die Stunde erfordert, auch zum Opfer bringt.«[174]

Auch dies klingt ganz nach den Leitsätzen der *Kshatriya*[175], wie sie in der Bhagavad Gita ihren literarischen Niederschlag gefunden haben. Das eigene Ich willig unterordnen und zum Opfer bringen, dies ist zudem eine Maxime, ein Ideal, von dem in Yogakursen und auf Meditationsseminaren, die gegenwärtig stattfinden, affirmativ die Rede ist.

Hitlers Leben und Werk als »leibgewordener Yoga«

In der Zeitschrift »Die Weiße Fahne« vom März 1935 bezog sich S. Brünner in ihrem Beitrag über »Yoga und Neugeist« ebenfalls auf die Auswirkungen der Lektüre indischer Weisheitsliteratur bzw. Schriften der Yoga-Philosophie auf Adolf Hitler. Nachdem sie als Präferenz den »Yogakatechismus des Patanjali« nennt und empfiehlt, schreibt sie Folgendes:

»Das metaphysische Gottsuchen, die mystische Versenkung, also die seelische Grundbedingung für eine Höherentwicklung unserer arischen Psyche, wurzelt in einer Synthese des indischen Pan-en-thismus mit deutsch-christlicher Ethik. Diese beiden Einstellungen erkennt man an ihren Früchten, – an der Auswirkung des sie tragenden Gedankengutes auf die Daseinsgestaltung ihrer Anhänger. Ein welthistorisches Beispiel hierfür bietet uns die lebendige Gegenwart: A d o l f H i t l e r hat die überragende Fähigkeit zu seinem wunderbaren Wirken aus dem Studium der Upanishaden geschöpft, die er mit germanischem Denken und Fühlen durchdrang. Sein Leben und sein Werk sind leibgewor-

174 Ahnenerbe-Stiftung Verlag, 1942, Seite 79
175 Sanskritwort für ›Kriegerkaste‹

Karl-Otto Schmidt, Schriftleiter der Zeitschrift »Die Weiße Fahne«

dener Yoga, sind gleichermaßen das sichtbare Zeugnis neugeistiger Seelendiätetik«.[176]

Karl-Otto Schmidt nahm als »Schriftleiter« der Zeitschrift »Die Weiße Fahne« in der gleichen Ausgabe (3/1935) sowohl auf den Beitrag von Quirin Engasser als auch auf den Text von S. Brünner Bezug und formulierte seine Gedanken dazu in einem »Nachwort«:

»Unsere Gesinnungsfreundin S. Brünner weist im ersten Absatz ihrer obigen Ausführungen auf keinen geringeren Kronzeugen als Adolf Hitler hin, dessen ›Leben und Werk leibgewordener Yoga, das sichtbare Zeugnis neugeistiger Seelendiätetik‹ seien. Mit Recht, – man lese nur die lichtvollen Ausführungen von Quirin Engasser in seinem Beitrag zu Albert Schweizer's 60. Geburtstag: ›Der Doktor von Lambarene‹ im Völkischen Beobachter vom 14.1.35. (…) Es kann darum nur begrüßt werden, daß der Yoga bei den heute Maßgebenden mehr und mehr die Beachtung fin-

176 Die Weiße Fahne, März 1935, Seite 162

Die Schlangenkraft (Sanskrit: *kundalini*) als Produkt. Ganzseitige Anzeige in »Die Weiße Fahne«, Juli 1930

det, die er seines inneren Wertes wegen verdient. (...) Somit wird der Kreis geschlossen, der Osten und Westen verbindet, denn der Yoga, urindogermanischen Ursprungs, ist nicht fremdes Kulturgut, sondern kehrt nach 3000 Jahren mit manchen jetzt unbekannten Wendungen und Arten zurück zu der Stätte, wo er einst entstand und dann vergessen wurde.«[177]

Historisch betrachtet ist sowohl die Zeitangabe von 3000 Jahren als auch die Aussage zur Rückkehr an den Entstehungsort unzutreffend. In Bezug auf die nachweisbare Entwicklung des Yoga hat sich K. O. Schmidt um 2000 Jahre vertan. Die ersten Belege für Yoga gibt es in der Induskultur[178] und somit bei den von einwandernden arischen Eroberern unterdrückten und vertriebenen »Ureinwohnern«, was ausschließlich von Hindu-Nationalisten und rechten Esoterikern in Frage gestellt wird.

177 »Die Weiße Fahne«, Jahrgang XVI, 1935, Heft 3, Seite 162

178 Siehe hierzu »Der Stammbaum des Yoga – 5000 Jahre Yoga, Tradition und Moderne«, Theseus Verlag, 2007

Die Rezeption des Yoga in Deutschland begann vor 200 Jahren.[179]

Nach diesem Zuspruch und Verständnis von Yoga, Neugeist und Adolf Hitler wurde dem »Führer« in der »Weißen Fahne« über Jahre als »geistigem Führer« gehuldigt und ebenso wiederkehrend »Yoga« thematisiert.

Bereits zwei Jahre vor jenen hier auszugsweise zitierten Stellungnahmen von S. Brünner und K. O. Schmidt druckte die Neugeist-Zentrale in Pfullingen ein »Glückwunschtelegramm zum 44. Geburtstage von Adolf Hitler« in ihrer Zeitschrift »Die Weiße Fahne« ab. Dieses »Glückwunschtelegramm« war ein zehn Zeilen umfassendes, gereimtes Gedicht. »Du hast gezeigt mit dem was Du errungen, Daß Du des neuen Geistes Führer bist«,[180] so lauten zwei dieser Zeilen.

Ebenfalls im Jahr 1933 druckte die »Weiße Fahne« eine mehrseitige Hommage ab, die mit »Der Führer – Dein Vorbild!« überschrieben war.

Vorangestellt war ein Zitat von Goebbels aus dem Jahr 1930, der die von ihm propagierte »Tatsache« verkündet hatte, »daß Adolf Hitler weder Alkohol genießt noch raucht und obendrein Vegetarier ist, ohne indessen seine persönliche Enthaltsamkeit auch anderen Menschen aufreden zu wollen«.

Auch dies war eine bewusste Stilisierung Hitlers als asketischen, empathischen und selbstlosen Menschen voller Selbstdisziplin, was keiner Überprüfung standhält.

Sowohl Hitlers Protegé und Auslandspressechef Ernst Hanfstaengl als auch Hitlers Arzt Prof. Dr. Theo Morell führen aus, dass Hitler Alkohol und Fleisch konsumiert hat.[181]

---

179 Zur historischen Entwicklung des Yoga in Deutschland und international verweise ich auf meine beiden Publikationen »Yoga im Nationalsozialismus« und auf »Der Stammbaum des Yoga. 5000 Jahre Tradition und Moderne«

180 »Die Weiße Fahne«, April 1933

181 Ernst Hanfstaengl, Zwischen Weißem und Braunem Haus, München 1970; Ernst Günther Schenck, Patient Hitler. Eine medizinische Biographie, Augsburg 2000

Ernst Hanfstaengl berichtet vom Weihnachtsabend 1924, an dem Hitler zu Gast war. Es gab Truthahn sowie mehrere Süßspeisen und Hitler »entwickelte auch einen recht guten Appetit«.[182]Wesentlich aufschlussreicher ist die medizinische Biographie »Patient Hitler« mit den Berichten von darin enthaltenen Dokumenten von Köchen und Ärzten. Dort ist zu lesen: »Hitler aß (vor September) relativ viel Fleisch, auch fettes Schweinefleisch, und trank auch Bier. Mit seiner geliebten Nichte Geli Raubal besuchte er Münchner Lokale und trank am Abend nach dem Verzehr von 2 Steaks bis zu 7 Maß Bier«.[183]

Nach dem von ihm verursachten frühen Tod seiner Nichte Geli Raubal hörte er auf, »Fleisch als ›Fleisch‹ zu essen, wie einschränkend bemerkt werden muß; denn Hitler aß *immer*, wenn er bei den Wagner-Festspielen im Hause ›Wahnfried‹ wohnte, ›Leberknödel‹, weil sie von der dortigen Köchin so hervorragend zubereitet würden.«[184]

In der Liste »Was Hitler aß – Dokumentation ab 1937« werden gleich zu Beginn »Schweinswürste« aufgeführt (9. August 1937) und für den 17. Juli 1943 »Rouladen mit Spinat und Erbsen«.

Wegen ständiger Darm- bzw. Verdauungsprobleme verordneten ihm die Ärzte Schonkost, die in der Regel auf pflanzlicher Basis zubereitet war. Auf Grund gravierender Zahn- und Zahnfleischprobleme gab es zudem Schwierigkeiten, feste Nahrung zu sich zu nehmen, für die ein starkes Gebiss erforderlich war.

Vor diesem Hintergrund bekommt der Mythos Hitler als Asket und Vegetarier eine ganz andere Bedeutung. Der Führer hatte große Probleme mit dem Kauen und Verdauen. Deshalb die Schonkost.

Der Hommage »Der Führer dein Vorbild«[185] folgte eine Auflistung vermeintlicher Tatsachen, die mit der Wendung »Bruder Nationalsozialist, weißt du« beginnt und fortlaufend Statements im

---

182 Ebd., Seite 164

183 Schenck, Patient Hitler, Seite 38

184 Ebd.

185 »Die Weiße Fahne«, Juni 1933

Sinne der Neugeistbewegung vermittelte. Demnach kennzeichnete »Spartanische Einfachheit« und »Selbstdisziplin« das Leben Adolf Hitlers, der für eine »zielbewußte Körper- und Seelen-Kultur eintritt« und seine Entscheidungen stets selbst, »aus sich heraus, in der Stille« zu treffen pflege. Weiter heißt es dort:

»weißt du, »... daß Dein Führer die Methoden des In-die Stille-Gehens, der Konzentration und Meditation kennt, beherrscht und bei der Fassung weittragender Entschlüsse bewußt anwendet, und daß die neugeistigen Methoden der Selbst- und Lebensbemeisterung für jeden Deutschen unendlich segensreich sind?«[186]

Dieser Fragesatz erfasst zugleich, was die Neugeist- bzw. Lebensreformbewegung unter Yoga verstand: eine Methode des In-die-Stille-Gehens sowie Konzentration und Meditation. Im achtstufigen Yogakonzept, wie es im Yogaklassiker Yoga Sutra dargelegt ist, sind das die Stufen fünf, sechs und sieben.

Vermittelt wurde ebenso, dass Houston Stewart Chamberlain den »Führer« bereits 1924 als »Herzmensch« und »Herzdenker« bezeichnet hatte, der seine Ideale mit Zivilcourage durchsetzt. Eine Verbindung zu Houston Stewart Chamberlain bestand in der Tat, und mit Sicherheit hatte jener als Angehöriger der Wagner-Familie und mit einem Teil seiner philosophischen Schriften einen starken Einfluss auf Adolf Hitler.

»Germanicus«, der Verfasser der Hommage »Dein Führer – dein Vorbild«, fragte am Ende des Beitrags eindringlich und suggestiv:

»Wollt Ihr nicht dem Führer, diesem Vorbild eines echten Lebenserneuerers, der mit der Erneuerung bei sich selbst den Anfang gemacht hat, nachstreben?!«[187]

1938 schwärmt derselbe »Germanicus« in der Märzausgabe der »Weißen Fahne« von den »geistigen Heilweisen, die zum Teil auf uraltes indogermanisches Erkenntnisgut«[188] zurückgingen, weshalb als Ergänzung zu dem von Irmgard Georga Schultz verfassten Beitrag »Der Tag ist da – zum Kampfe!« ein Zitat von »Krishna«

186 »Die Weiße Fahne«, Heft 6, 1933, Seite 405

187 Ebd., Seite 406

188 »Die Weiße Fahne«, März 1938, Seite 135

abgedruckt wurde. Die beiden abgedruckten Verse beginnen mit folgenden drei Sätzen:

»Werde Dir Deiner Macht bewußt! Erkämpfe Dir mutig den Sieg! Bezwinge deine Feinde und erfreue dich unumschränkter Herrschaft!«[189]

Allein diese drei Sätze machen deutlich, wie nahe Friedrich Nietzsche mit seinen philosophischen Ansichten dieser Kshatriya-Ethik stand und weshalb der Reichsführer SS so begeistert von der Bhagavad Gita und der darin durch den Wagenlenker/Gott Krishna dargelegten Ethik der Krieger war.

Bemerkenswert ist, dass sich die vom Johannes Baum-Verlag herausgegebene Zeitschrift »Die Weiße Fahne« eigentlich als »Zeitblätter für Verinnerlichung und Vergeistigung« verstand. Über viele Jahre hatten sich die Herausgeber und Redakteure der auflagenstarken Zeitschrift »Die Weiße Fahne« nirgendwo politisch positioniert, was auch der Ausrichtung dieser Monatsschrift und der Neugeistbewegung entsprach.

Nun aber wurde nicht nur für »Kundalini-Creme« und den »Yoga-Katechismus des Patanjali« geworben, sondern ebenso für die perfide Weltanschauung Adolf Hitlers sowie für den Führer der italienischen Faschisten und für den »Mythus des 20. Jahrhunderts« vom Chefideologen des Nationalsozialismus, Alfred Rosenberg. Mit der Machtübernahme Hitlers und der NSDAP identifizierte sich die Neugeistbewegung weitgehend mit deren Weltanschauung bzw. Ideologie.

Wie sehr sich die Neugeistbewegung und deren Zeitschrift »Die Weiße Fahne« an die neuen Machthaber anpassten, wird auch durch einen mehrseitigen Beitrag in der Dezemberausgabe des Jahres 1939 deutlich. Drei Monate nach Beginn des Zweiten Weltkriegs druckte die Redaktion einen weiteren Beitrag von »Germanicus« ab, der mit »Zen als Weg zur Macht. I.« überschrieben ist. Darin wird zunächst der angebliche Grundgedanke des Zen-Buddhismus benannt: Hinter dem Anschein verberge sich die Wirklichkeit und damit bekämen die Menschen Macht über die Dinge.

189 Die Weiße Fahne, März 1938, Seite 127

Der indische Prinz Bodhidharma hatte die Methoden des Zen um 520 n. Chr. nach China gebracht, von dort sind sie nach Japan gelangt. Dem Bodhidharma wird eine arische Herkunft bescheinigt, da er in Zen-Texten »blauäugiger Barbar mit den roten Haaren«[190] genannt wird.

Wehrhaft machende Methoden

In der zweiten Hälfte dieses Beitrags wird der Zusammenhang zur Neugeist-Praxis und zum Yoga hergestellt. Demnach hat die Neugeistbewegung die »Voraussetzungen zum Verstehen sowohl der Methodik des indoarischen Yoga wie den gleichen Quellen entsprungenen Zen geschaffen. (…) Zen, Yoga und Neugeist – das sind drei moderne Aspekte jener wehrhaftmachenden Methoden der Ich-Unterjochung unter den Wir-Gedanken, jener Willenszucht, die unsere Vorfahren schon in jener indogermanischen Urzeit kannten und pflegten«.[191]

Eine affirmative Einstimmung auf den Krieg folgt mit der Betonung der »Willenszucht«. Indem die Weltseele (sanskrit: *brahman*) mit der Einzelseele (sanskrit: *atman*) vereint wird, ein Grundgedanke der Upanishaden, löst sich die Gebundenheit an das Bewusstsein auf. Und die »sichtbare Frucht ist jene Gelassenheit der Seele, jene Weltüberlegenheit, aus der höchster Mut, heldische Todesverachtung und tapferer Einsatz für das Ganze entspringen«.[192]

Das sind Formulierungen, wie man sie unter anderem in den Reden von Adolf Hitler und Heinrich Himmler wiederfindet. Wie bei einem Mantra werden Wortkombinationen wie »heldische Todesverachtung« und »tapferer Einsatz für das Ganze« über Jahre hinweg gebetsmühlenartig wiederholt.

Doch anstatt eines »Endsieges« gab es im April 1945 die Kapitulation und in Konsequenz der »heldischen Todesverachtung« sech-

---

190 Die Weiße Fahne, Dezember 1939, Seite 650
191 Ebd., Seite 652
192 Ebd.

zig Millionen Tote sowie den feigen Suizid führender Politiker des Nationalsozialismus, die diesen Wahnsinn zu verantworten hatten. Andere versuchten, sich beim Nürnberger Kriegsverbrecherprozess herauszuwinden und die Umstände oder den »Führer« für sämtliche Verbrechen verantwortlich zu machen.

Am Ende seines Beitrags versucht es »Germanicus« mit kurzgefasster Geistes- und Kulturgeschichte: »Das heutige Japan wäre nicht ohne Indien und den Buddhismus. Indien und der Buddhismus aber wären nicht ohne die einstige Einwanderung der Ariogermanen, die ihre hohe nordische Kultur den Völkern Indiens brachten«.[193]

Die »hohe nordische Kultur« der nach Indien einwandernden Reiternomaden bestand in barbarischen Überfällen und Eroberungen der Einheimischen, die im Gegensatz zu diesen »Ariogermanen« Meister des Städtebaus und des Handwerks waren und eine Schrift entwickelt hatten, während die Eroberer allesamt Analphabeten waren, die ihre Lobgesänge auf Rauschgetränke (*soma*) und den archaisch-brutalen Krieger-Gott Indra nur mündlich weitergaben, was in großem Umfang die Veden ausmacht, die erst nach Jahrhunderten der mündlichen Überlieferung um 1400 n. Chr. erstmals schriftlich fixiert wurden.

Diese Veden »schrieben«, nach Darstellung des Verfassers von »Zen als Weg zur Macht«, die Arier. Und sie waren die »Schöpfer der Upanishaden«. Natürlich konnte auch die Bhagavad Gita nur von Ariern stammen: »Nur Indogermanen konnten das gewaltige Mahabharata schreiben – jenes große Epos vom Kriege zwischen den Kuru und Pandava, von dem die Bhagavad Gita, das Hohelied heldischen Wollens, ein Teil ist. (…) Arier schufen die Willensschule des Yoga, aus der wiederum das Zen hervorging.«

Insofern, so »Germanicus«, überrascht die »weitgehende innere Übereinstimmung« zwischen Japanern und Deutschen nicht. Was sie verbindet, ist der »Rassenstolz des Japaners« und das »Rassenbewußtsein des Germanen«[194].

---

193 »Die Weiße Fahne«, Dezember 1939, Seite 653

194 Ebd.

Für die Verlags- und Redaktionsleitung der »Weißen Fahne« passten in den 1930er Jahren die Ethik des Yoga und die Ideologie des Nationalsozialismus so gut zusammen, dass die beiden per se konträren Themenfelder fortan gleichwertig in redaktionellen Beiträgen behandelt wurden.

Lesefrüchte. Erkenntnisse aus Hitlers Bibliothek

Wenn wir der Frage nachgehen, woher Adolf Hitler seine Anregungen und Kenntnisse in Bezug auf Yoga und indische Philosophie nahm, so lohnt der Blick in die drei Bibliotheken des Reichskanzlers des Nationalsozialismus.

Ursprünglich besaß Hitler insgesamt 16.000 Bücher, verteilt auf drei Privatbibliotheken in Berlin, München und Obersalzberg. 1200 Bände blieben erhalten. Dieser als »Hitler Library« bezeichnete Buchbestand befindet sich in der Rare Book Division der Library of Congress in Washington.

Der US-amerikanische Historiker und Journalist Thimothy Ryback hat 2010 mit seinem Buch »Hitlers Lektüre« eine Auswertung[195] dieser Bibliothek und weiterer Buchbestände, die einst Hitler gehörten, vorgenommen. Seiner Einschätzung zufolge ist etwa ein Drittel des Bestandes von Bedeutung. Das sind immerhin noch rund 400 Bücher, die Hitler durchgearbeitet und zum Teil mit Anstreichungen oder Anmerkungen versehen hat.

Eine besondere Rolle in Hitlers Leben spielte der Münchner Verlag J. F. Lehmann.[196] Die dort verlegten Bücher bildeten den Kern von Hitlers Büchersammlung und »fungierten als Bausteine von Hitlers Weltanschauung und als ideologische Grundlage des

195 Ryback, Seite 168

196 Nach diesem Verleger von NS-Literatur war und ist immer noch eine Unternehmenskette von Fachbuchhandlungen benannt. Der Deutsche Ärzte-Verlag war viele Jahre der Inhaber, aktuell ist es die luxemburgische Beteiligungsgesellschaft Lafayette Mittelstand Capital. Erst 1997 wurde nach einem kritischen Beitrag im »Tagesspiegel« aus der »Fachbuchhandlung J. F. Lehmanns« die »Lehmanns Fachbuchhandlung« und später »Lehmanns Media GmbH«.

Dritten Reiches«, wie Timothy Ryback feststellt. Der Verlag von J. F. Lehmann gab der »Pseudowissenschaft des biologischen Rassismus eine gewisse Glaubwürdigkeit« und er etablierte »im Alleingang die Disziplin Rassenkunde in der Weimarer Republik«.[197] Dem frühen Förderer rechtsradikaler Gruppierungen und langjährigen Unterstützer Adolf Hitlers verlieh ebendieser in Dankbarkeit das goldene Parteiabzeichen der NSDAP, eine der höchsten Auszeichnungen im Nationalsozialismus.

Auch die beiden Historiker Philipp Gassert und Daniel S. Mattern haben Hitlers Bibliotheksbestand gesichtet sowie ausgewertet und die Ergebnisse dieser Untersuchung in »The Hitler Library. A Bibliography« (Greenwood Press, 2001) veröffentlicht.

Laut dieser kommentierten Aufstellung ist der »Rassepapst« Hans F. K. Günther mit sechs Büchern vertreten (siehe Seite 60 ff.) und der Indologe und Yoga-Gelehrte J. Wilhelm Hauer mit seinem Buch »Eine indo-arische Metaphysik des Kampfes und der Tat: Die Bhagavad Gita in neuer Sicht mit Übersetzungen«. Die Ausgabe in Hitlers Bibliothek enthält folgende Widmung des Autors: »Dem Führer des Reiches als Zeichen der Treue in schwerster Stunde«, was sich laut Kommentar von Gassert und Mattern auf den sogenannten Röhm-Putsch bezog und die ebenso anbiedernde wie unterwürfige Haltung J. Wilhelm Hauers zeigt. Dessen Werdegang und Verständnis von Yoga habe ich im Kapitel 2.2 skizziert und gehe dort auch auf diese dem »Führer des Reiches« gewidmete Schrift ein.

Neben der Stilisierung Hitlers zum Yogi in der Zeitschrift »Die Weiße Fahne« zeigt die von ihm genutzte Literatur und seine besondere Ehrerbietung gegenüber Arthur Schopenhauer, Richard Wagner, Dietrich Eckart, Madison Grant und Hans F. K. Günther, dass es zudem einen persönlichen Bezug zum Yoga gab. Deutlich wird dies durch die Affinität zu jenen Personen und Persönlichkeiten, die sich allesamt mit indischer Philosophie und Yoga befasst hatten und dazu Texte veröffentlichten, die Hitler nachweislich rezipiert und später als »granitenes Fundament« seiner Weltanschauung bezeichnet hat.

---

197 Ryback, Hitlers Bücher, Seite 168f.

Eva Braun am Königssee in der Yogahaltung *chakrāsana*

Hitlers Rezeption des Yoga bestand nicht in Körperübungen, wovon das Yogaverständnis des Westens seit Jahrzehnten geprägt ist. In Indien ist das Spektrum dessen, was unter Yoga verstanden wird, von jeher wesentlich weiter gefasst. Den »Zirkus- und Fitnessyoga« des Westens empfinden viele InderInnen als stark eingeschränktes Verständnis.

Eine solche Art des körperorientierten Yoga praktizierte übrigens Eva Braun, Hitlers Geliebte. Auf einer privaten Filmaufnahme ist sie am Ufer des Königssees bei Berchtesgaden zu sehen, wo sie drei Yogahaltungen für Fortgeschrittene ausführt.[198] Hitler selbst bevorzugte den geistigen Yoga, wie er 1933 in der Zeitschrift »Die Weiße Fahne« charakterisiert wurde: die Methode des In-die-Stille-Gehens und der Konzentration.

Reichspressechef Dr. Otto Dietrich, der mehrfach an Abend- und Nachtgesprächen mit Hitler teilnahm, schreibt in seinem Rückblick:[199] »Er meditierte dann weiter.«[200]

Selbstverständlich war er mit dem »arischen« Yoga des Kampfes und der Tat vertraut, wie ihn die Indologen J. W. Hauer und Walther Wüst dargelegt hatten, deren entsprechende Publikationen er besaß.

---

198 Die »Hand-zum-großen-Zeh-im-Stehen-Haltung« (utthita-hasta-pâdângushthāsana), den Kopfstand (shirshāsana) und die Haltung »Rad« oder »Brücke« (chakrāsana).

199 Otto Dietrich, 12 Jahre mit Hitler, 1955

200 Zitiert nach »Patient Hitler«, Seite 27

4. Alfred Rosenberg (1893–1946) – Inspiriert von Schopenhauer und indischer Philosophie

An den Grundlagen der antisemitischen Rassenideologie des Houston Stewart Chamberlain setzte Alfred Rosenberg (1893–1946), Chefideologe und Leiter des Außenpolitischen Amtes der NSDAP, sein eigenes Weltbild an. Der in Reval (heute: Tallin, Estland) als Sohn einer estnischen Mutter und eines lettischen Kaufmanns geborene Deutsch-Balte floh nach seinem Studium der Architektur und Ingenieurwissenschaften in Reval und Moskau über Paris nach München und trat bereits 1920 der NSDAP bei. 1923 wurde er zum Schriftleiter des »Völkischen Beobachters« ernannt, 1924 setzte ihn Hitler als seinen Stellvertreter ein.[201]

In direkter Anspielung auf Chamberlains »Die Grundlagen des 19. Jahrhunderts« verfasste Rosenberg das Buch »Der Mythus des 20. Jahrhunderts«, das 1930 erschien. Am 16. April 1949 gab er im Nürnberger Prozess allerdings zu Protokoll, dass er an Kant und Schopenhauer angeknüpft habe und sich (wie Houston St. Chamberlain) »vor allen Dingen der indischen Philosophie und ihren verwandten Strömungen gewidmet« hatte.[202]

201 LeMO-Biografie des Deutschen Historischen Museums
202 Nürnberger Prozess, Hauptverhandlung, 16. April 1949, Antwort auf die

»Auf der Massenkundgebung der Nationalsozialisten gegen das Versailler Diktat im Berliner Lustgarten sprach der Chefredakteur des ›Völkischen Beobachters‹, Alfred Rosenberg, M.d.R.«

Bereits zehn Jahre vor Erscheinen des »Der Mythus des 20. Jahrhunderts« hatte sich Rosenberg zu Indien geäußert. In dem Sammelband »Blut und Ehre. Ein Kampf für deutsche Wiedergeburt«, der 1934 im Zentralverlag der NSDAP Franz Eher Nachf. München erschien, ist ein Aufsatz von 1920 enthalten, der mit »Menschheitsdogmen« überschrieben ist. Darin schreibt Rosenberg vom Niedergang bzw. der »Katastrophe« des indischen Volkes:

»Die Inder zogen als Eroberer ins Land, ihre Gliederung des Lebens entstand aus Rassegefühl und Standesbewusstsein, sie bildeten Kasten. Die Aryas (d. i. Die zu den Treuen Gehörige) teilten sich in die Priester-, die Krieger- und die Kaste der Gewerbetreibenden (Brahmanen, Kashatriyas, Vaicyas). Dazu kommen als vierte Kaste

---

Frage von Dr. Alfred Thoma, durch welche Studien und durch welche Gelehrte Rosenberg von deutscher Seite beeinflusst wurde

Der aus Reval (jetzt: Tallinn) stammende Alfred Rosenberg, stets aufmerksam

die Cudras, die Eingeborenen. Diese letzte Teilung ist die wichtigste. Sie beruht auf der Erkenntnis der Rassenverschiedenheit«.[203]

Was Rosenberg mit dieser Textpassage darstellt, ist die Gegenüberstellung von als edel und wertvoll eingestuften Menschen, denen die unedlen, wertlosen Menschen gegenüberstehen. Arya und Anarya, wie es in den Veden vermittelt wurde und woraus sich nach und nach ein komplexes Kasten(un)wesen entwickelte.

1945, während seiner Haft, bevor es zum Prozess in Nürnberg kam und Rosenberg zum Tod verurteilt und hingerichtet wurde, schrieb er nieder, was ihn bewegte. Dies wurde zehn Jahre später unter dem Titel »Letzte Aufzeichnungen. Ideale und Idole« veröffentlicht. Reue oder eine Spur von Schuldeingeständnis sucht man vergebens. Das Ende des Zweiten Weltkrieges bezeichnet er als »Zusammenbruch« und beklagt die Gefangenschaft von Millionen

203 Rosenberg, Blut und Ehre, 1934, Seite 195f.

»Die befreite Ukraine grüßt Reichsminister Alfred Rosenberg«

und »das ›Gericht‹ über Hunderttausende«.[204] Entsprechend sehnsuchtsvoll blickt er zurück auf seine Karriere als Weggefährte an Hitlers Seite, als Herausgeber des »Völkischen Beobachters« und als Reichsminister für die besetzten Ostgebiete ab 1941.

Laut seiner letzten Aufzeichnungen erhielt er den stärksten Anstoß zu seinem Weltbild von Houston Stewart Chamberlain: »Mein Instinkt sagte zu fast allem ja, was ich bei Chamberlain las – ich tue das in vielem auch heute noch.«[205]

Der ab dem 19. Jahrhundert zunehmende Atheismus machte eine neue Bindung erforderlich, und die sah Rosenberg in der wissenschaftlichen »Entdeckung der Kräfte des Blutes«. Beim Studium der durch Chamberlain angeregten altindischen Philosophie fand er »eine Parallelität des äußeren Verfalls mit der inneren Entstaltung.«[206] Den äußeren Verfall sieht er bei den »Mischlingen

204 Rosenberg, Letzte Aufzeichnungen, Göttingen, 1955, Seite 273
205 Ebd., Seite 274
206 Ebd., Seite 285

1936 / Folge 25 Illustrierter Beobachter Seite 953

Alfred Rosenberg

BANNERTRÄGER DER IDEE

Zur Tagung der NS.-Kulturgemeinde in München vom 14. bis 19. Juni

Mit dem Namen Alfred Rosenberg verbindet sich heute und morgen, weit über alle seine Arbeitsgebiete und Aufgaben hinaus untrennbar sein Werk: „Der Mythus des 20. Jahrhunderts." Vor diese Wertung und konsequente Gesamtschau der weltanschaulichen Auseinandersetzungen unserer Zeit setzte sich Rosenberg ein Wort Meister Eckehards, das in seiner Absicht und Klarheit Spiegel der Grundlage ist, von der aus dieses Werk eines Lebens begann: „Diese Rede ist niemand gesagt, denn der sie schon sein nennt als eigenes Leben oder sie wenigstens besitzt als eine Sehnsucht seines Herzens."

Der Führer hat unter seinen ersten Kameraden Männer, die an der propagandistischen Auswertung und Verbreitung gegebener Ideen arbeiten und, von dem heutigen Standpunkt her gesehen, schier Unglaubliches geleistet haben. Alfred Rosenberg ging abseits von jener gewiß lebenswichtigen Arbeit den Weg in die Tiefe; kühn und kühl in strenger denkerischer Konsequenz zeigte er bis in die

Reichsleiter Rosenberg eröffnet mit seiner Rede eine Kunstausstellung.

Vom Führer zu der hohen Aufgabe berufen, das deutsche Kulturleben mit dem Geist der Bewegung zu erfüllen, wies Alfred Rosenberg immer wieder auch dem bildenden Künstler Richtung und Ziel.

Rechts: Das Rosenbergsche Haus in Reval.

Eine Führerbesprechung aus der Kampfzeit. Alfred Rosenberg, der durch die Herausgabe der Zeitschrift „Der Weltkampf" den Sieg der Idee vorbereiten half, hatte damals als Mitarbeiter und Nachfolger Dietrich Eckarts die Hauptschriftleitung des „Völkischen Beobachters" übernommen.

Flur und Treppe im Rosenbergschen Haus in Reval

Aufnahmen:

Der »Bannerträger der Idee« in »Illustrierter Beobachter«, 1936

»Reichsleiter Alfred Rosenberg bei seiner Ankunft in Heiligenstadt. Rechts von ihm der Thüringer Reichsstatthalter und Gauleiter Fritz Sauckel«

Marseilles und Toulons«, von denen die gleichen Krankheitskeime ausgehen würden wie einst von Korinth und Saloniki, und in der »Mulattisierung der USA«, weshalb er die Gegenmaßnahmen dort lobt, »beeinflußt besonders durch M. Grants Werk ›Der Untergang der großen Rasse‹.«[207]

Doch Alfred Rosenberg blickte 1945 zudem in die Zukunft und ist sich sicher, dass eine Zeit kommen werde, »da werden sich die Enkel schämen, dass wir als Verbrecher angeklagt worden sind wegen des edelsten Gedankens, weil er in Zeiten des Krieges durch unwürdige Befehle für eine Zeitlang entartet war«.[208]

Es kommt ihm offensichtlich nicht in den Sinn, dass er die unwürdigen Befehle und diesen Vernichtungskrieg mitgetragen hat

---

207 Ebd.
208 Ebd., Seite 293

Titelseite des zweiten Teils von Rosenbergs »Blut und Ehre«

und all die Kriegsverbrechen ihre Grundlage in diesen »edelsten Gedanken« hatten, die sich um Rassenreinheit und die angebliche Überlegenheit des Arischen drehten.

Von diesem Mangel an Unrechtsbewusstsein schwenkt er auf die »Betonung des gotterfahrenden Innern« um. Damit sei der tiefer empfindende Mensch von jeher einer »wundersüchtigen Dogmatik« entgegengetreten und dies hätten die alten Inder als »Atman-Brahman-Gleichheit«[209] ausgedrückt. Er knüpft damit an seine »Menschheitsdogmen« an, die 25 Jahre zuvor in »Auf gut Deutsch« veröffentlicht und 1934 nochmals in »Blut und Ehre. Ein Kampf für deutsche Wiedergeburt« abgedruckt wurden, veröffentlicht im Zentralverlag der NSDAP, München.

---

209 Ebd.

5. Heinrich Himmler (1900–1945)

5.1 Wertschätzend Anstand, Pflicht und Reinheit

Was Himmlers Denken und Tun prägte, was ihn faszinierte, wovon er sich distanzierte und womit er den von ihm zu verantwortenden Massenmord argumentativ legitimierte, das lässt sich relativ gut nachvollziehen, da der Reichsführer SS und Chef der Deutschen Polizei aus seinen geistigen und literarischen Bezugsquellen keinen Hehl machte.

Der Spross einer konservativen Münchner Familie entwickelte sich zu Beginn der Weimarer Republik – ohne abgeschlossene Ausbildung und ohne das Studium der Landwirtschaft beendet zu haben – zu einem Gegner der Demokratie und wurde zu einem unnachgiebigen und idealistischen Kämpfer für die Ziele des Nationalsozialismus. Mit dreißig Jahren zog er für die NSDAP in den Reichstag ein, zwei Jahre später befahl er nachweisbar den ersten Mord. In Bayern vereinte er Polizei, SS und den von ihm aufgebauten Sicherheitsdienst (SD) sowie das KZ-Personal, was Hitler imponierte. Nach der Ermordung des langjährigen Führers der Sturmabteilung (SA) Ernst Röhm (1887–1934) und weiterer SA-Gefolgsleute im Jahr 1934 wurde die der SA bis dahin untergeordnete SS zu einer eigenständigen Organisation. Himmlers Macht, seine Kompetenzen und die Zahl seiner Ämter wuchsen rasant und erstreckten sich alsbald auf ganz Deutschland. In der Folgezeit baute er seine Macht erheblich aus. In der ersten Hälfte der 1940er Jahre unterstanden seinem Befehl die allgemeine SS wie auch die

Verleger Hugo Bruckmann (links), Prof. Dr. Paul Schultze-Naumburg (Mitte) und S.S.-Führer Heinrich Himmler (rechts)

Waffen-SS, Kripo, Gestapo und Schutzpolizei, die »Lebensborn e.V.« sowie die Forschungs- und Lehrgemeinschaft »Ahnenerbe e.V.« und sämtliche Konzentrationslager. In den letzten Kriegsjahren kamen noch die Heeresgruppen »Oberrhein« und »Weichsel« sowie der Volkssturm hinzu.

In der Beschreibung des Historikers Peter Longerich zeichnete sich Himmler vor allem durch eine totale Personalisierung politischer Macht aus, deren Kernbereich die Ausübung von Gewalt und Staatsterror war. Gerade vor diesem Hintergrund ergibt es Sinn, sich damit zu befassen, welche Impulse und Anregungen Himmler aufnahm, die sein Weltbild entscheidend mitprägten, das er als zweitmächtigster Mann der NS-Diktatur auch mit allen Mitteln durchsetzte.

5.2 Impulse und Anregungen – Himmlers Leseliste

Vierzehn Jahre lang notierte Himmler akribisch, welches Buch er wann gelesen hatte. Er kommentierte die meisten Titel, indem er seine persönlichen Eindrücke stichpunktartig oder in ein, zwei Sätzen zusammenfasste. Auf diese Weise blieb der Nachwelt seine Liste »Gelesene Bücher« erhalten, in der all jene Buchtitel aufgelistet sind, mit denen sich Himmler von 1919 bis 1933 beschäftigte.

Er las gleichermaßen Belletristik und Sachbücher, und es lassen sich in beiden Bereichen seriöse und weltweit renommierte Autoren finden wie auch Heimatschriftsteller und Verfasser esoterischer Werke. Der Schwerpunkt seiner Lektüre verschob sich ab 1924 in Richtung Sach- und Fachliteratur, in der politische, militärische und rassentheoretische Themen dominierten: »Bolschewismus von Moses bis Lenin« (Dietrich Eckart), »Luther und die Juden« (Dr. A. Falb), »Die Tortur. Die Geschichte der Folter im Kriminalverfahren aller Zeiten und Völker« (Frans Helbing und Max Bauer), »Mein Kampf« (Adolf Hitler), »Mussolini, Lebensgeschichte« (Margerita Larfatti), »Volk ohne Raum« (Hans Grimm), »Erotik und Rasse« (Herwig Hartner), »Soldaten oder Militärs? Ein Buch zum Nachdenken« (Bernhard von Volkmann-Leander), »Adel und Rasse« (Hans F. K. Günther). Das letzte in der Leseliste aufgeführte Buch ist geradezu programmatisch: »Mit Hitler an die Macht« von Dr. Otto Dietrich, das er vom 1. bis zum 6. Januar 1934 las und folgendermaßen kommentierte: »Besonders interessant für alle, die nicht dabei waren. Die menschliche Seite des Führers ist sehr gut erfaßt. Das Buch weckt bei mir viel liebe Erinnerungen. H.H.«

5.3 Die indische Kriegerkaste als Vorbild

Stieß Himmler bei der Lektüre auf Inder und auf Indien, so kommentierte er durchweg positiv und anerkennend. Bereits 1919

„Freiheit und Brot"

Berliner Ausgabe

Berlin, Montag, 23. März 1942

-HER BEOBACHTER

Kampfblatt der nationalsozialistischen Bewegung Großdeutschlands

Die feierliche Verpflichtung der Jugend

„Heilig sei euch das Reich!"

Reichsjugendführer Axmann: Kämpferische Gesinnung, Gehorsam, härteste Pflichterfüllung!

Titelseite des »Völkischen Beobachters« vom 23. März 1942

schreibt er zu »Mr. Isaacs – Eine Erzählung aus dem heutigen Indien« von Marion Crawford: »Ein sehr gutes, anregendes u. interessantes Buch, das uns zeigt, dass Indien auch heutzutage noch das Wunderland ist u. der Inder in der Erkenntnis manchmal weiter.« Das entspricht der romantischen Verklärung Indiens durch Arthur Schopenhauer, der sein »ganzes Leben hindurch, Indien seine liebevolle Aufmerksamkeit« zuwandte, wie der Indologe und Religionswissenschaftler Helmuth von Glasenapp in »Das Indienbild deutscher Denker« feststellte. Dabei war diese »liebevolle Aufmerksamkeit« von Projektionen geprägt, also von einem Wunschdenken, das allein auf entsprechender Lektüre von Übersetzungen indischer Klassiker beruhte, wie im Kapitel über Schopenhauer bereits ausgeführt wurde.

Zu Hesses Roman »Siddharta«, den Himmler 1925 las, merkt er an:

»Ein herrliches Buch. Indischer Brahminen-Geist, tiefstes Wissen um Ringen und Erlösung. Der Mensch muss Not und Sünde durchmachen und muß horchen und forschen und ringen, dann kann er erlöst werden. Der Weg eines Erlösten ist beschrieben.«

Offenbar hat Himmler das Buch nur oberflächlich gelesen oder den Inhalt nicht verstanden, denn »Brahminen-Geist« ist gerade das, was von Hesses literarischer Figur Siddharta (der im Übrigen nicht identisch ist mit dem historischen Buddha Siddhartha Gautama) verworfen wird. Aus diesem Grund äußert sich die literarische Figur Siddhartha seinem Freund Govinda gegenüber in der Weise, dass man auf der Suche nach Erkenntnis (nicht Erlösung!) ebenso gut auch den Nashornvogel oder die Schimpansen befragen könne, wenn man Brahmanen befrage.[210]

Sowohl bei dem historischen als auch bei dem literarischen Siddhartha kommt eher indischer Anti-Brahmanen-Geist zum Ausdruck.

Bemerkenswert ist Himmlers Anmerkung zu dem Buch »Freimaurer und Gegenmaurer im Kampf um die Weltherrschaft« von Franz Haiser, das er von Januar bis Mitte März 1925 in Landshut und auf Reisen las.

Himmler schreibt dazu:

»Ein großartiges Buch. Es ist nicht leicht zu lesen. Der Großteil davon ist meiner Ansicht nach richtig. Man braucht solche Bücher. Sie bestärken einen in dem, was man instinktiv fühlt und sich verbildet und verzogen nicht denken traut. – Kschatrijakaste, das müssen wir sein. Das ist die Rettung.«

Diese Anmerkung ist auch insofern beachtenswert, da Himmler sich sechzehn Jahre später ausführlich und begeistert zur Bhagavad Gita äußerte, deren Ethik primär der indischen Kriegerkaste (*kshatriya*) entspricht. Zu beachten ist zudem der frühe Zeitpunkt dieses Eintrags. In jenem Jahr trat Himmler zunächst der SA und im gleichen Jahr noch der gerade gegründeten SS bei. Zwei Jahre später war er mit siebenundzwanzig Jahren bereits stellvertretender Reichsführer SS. Den damals amtierenden Reichsführer SS, Erhard Heiden (1901–1933), ließ Himmler im April 1933 umbringen.

In der Hierarchie der indischen Kasten nimmt die »Kschatriyakaste«, die Himmler als vorbildhafte Instanz bezeichnete, nach den Brahmanen den zweiten Rang ein. In der indischen Geschichte

210 Siehe Hesse, Siddhartha, Seite 21

nahm jedoch die Kashatriya-Kaste oftmals den obersten Rang ein, und die Brahmanen hatten ihnen zu dienen.[211]

Aus Himmlers Anmerkung zu dem o.g. Buch lässt sich ableiten, dass er bereits 1925 mit den indischen Kasten vertraut war und eine Vorstellung davon hatte, wie gut die in der Bhagavad Gita propagierte Haltung zu seiner politischen Ausrichtung passte: skrupelloses Töten für einen »höheren« Zweck und ohne für sein unmenschliches Tun verantwortlich bzw. an die Tat gebunden zu sein.

Himmlers Weltanschauung ist gut durch die vom ihm 1936 herausgegebene Broschüre »Die Schutzstaffel als antibolschewistische Kampforganisation« zu erfassen. Auf den 31 Seiten umreißt er sein Weltbild in Stichworten. Der Bogen spannt sich von der Alemannenschlacht und dem Wesen des Ariers über die »Göttliche Ordnung« bis zur Runenschrift und Tapferkeit. Bemerkenswert ist Himmlers »Rechtsbildung«. Zu ihr gehörte die »heilige Überzeugung«, dass nach »uraltem Wissen und uralter Lehre« eine »göttliche Ordnung« existiert. Und aus diesem Grund lag ihm das »weltanschauliche Soldatentum« so sehr am Herzen, das dem »Untermenschen« ein »gnadeloses Richtschwert sein« (Seite 29) werde.

Dem Reichsführer SS ist der »heiligste und wertvollste Mensch« die der »Heiligkeit ihrer Pflicht bewußte Mutter«. Immerhin erkennt er, dass die SS unbeliebt ist. Dass seine SS »ein Richtschwert noch in Jahrhunderten« sein werde, zählt zum Glück zu seinen zahlreichen Irrtümern.

Unter den im Bundesarchiv Koblenz aufbewahrten persönlichen Unterlagen von Heinrich Himmler fand sich auch ein Gedicht, das

---

211 Leopold von Schroeder schreibt im Vorwort zu seiner Bhagavadgita-Ausgabe von 1922 (Eugen Dietrichs Verlag Jena): »Es war von Anfang an eine populäre Religion, die, unabhängig von der vedischen Überlieferung und von dem eigentlichen Brahmanentum, wahrscheinlich von vornherein die moralische Seite betonte, eine kraftvolle ethische Kshatriya-Religion, jener von [dem deutschen Indologen, d. A.] Garbe schon früher so eindrucksvoll geschilderten Zeit entsprossen, in welcher die Krieger und Könige Indiens so vielfach an Stelle der Priester die geistige Führung an sich gerissen hatten« (Seite X).

er möglicherweise selbst verfasst hat. Es umfasst elf mit Schreibmaschine geschriebene Zeilen. Direkt darunter steht als Datum der 5. Dezember 1940. In diesem Gedicht wird der das Geschehen auf dem Schlachtfeld reflektierende und transzendierende Krieger gepriesen, der sein »heiliges Leben am tötlichen [sic!] Born« als »männliches Los« trägt.

> »Immer über die blutige Walstatt hallt dein Schritt,
> Schmerz den ewigen nimmst du gehorsam mit
> auf dass Sinn sich gestelte,
> heiliges Leben am tötlichen Born sich entfalte...Soldat, am Tag
> nach der Schlachtfeldsteige noch einmal zu Pferde,
> sieh die kleingewordenen Täler der Erde,
> sieh den Morgen im Licht
> erschauernd und gross -
> Bade dein Angesicht,
> trage dein männliches Los!«[212]

Selbst wenn dieses Gedicht nicht eigenhändig vom Reichsführer SS verfasst wurde und lediglich der Name des Verfassers vergessen wurde, so passen diese Zeilen doch perfekt in Himmlers Weltbild vom gehorsamen, spirituellen, Schmerz und Schicksal ertragenden Kämpfer.

Das SS-Hauptamt-Schulungsamt gab 1942 eine Propaganda-Broschüre heraus, die »Der Untermensch« hieß und Zitate von Himmler sowie diffamierende Fotografien von Juden und Menschen in Osteuropa enthielt. Auch hier geht es um den »arischen Menschen« als »Träger des Lichtes«, der sich den »Untermenschen« in Russland entgegenstellt. Dem gegenüber steht das »arische Europa«, das sich angeblich dadurch auszeichnet, dass es »an Gott glaubt und jedem seine religiöse Freiheit lässt«.

Die Broschüre endet mit dem Warnruf: »Wehe euch Menschen, wenn ihr nicht zusammensteht, wehr dich Europa.«

---

212 Quelle: BArch N1126/4, Seite 108

5.4 Der hohe arische Gesang, den Himmler besonders schätzte

Die Offenheit Himmlers bezüglich der Lesefrüchte und Quellen seines Denkens zeigt sich auch in den Beschreibungen des Physiotherapeuten Felix Kersten (1898–1960), einem geborenen Deutschbalten mit finnischer Staatsbürgerschaft und Lebensmittelpunkt Deutschland (nach 1945 Niederlande). Kersten behandelte Himmler von 1939 bis 1945. Aus den Einträgen in Himmlers Dienstkalender geht hervor, dass Kersten oftmals morgens um 8:30 Uhr oder 9:00 Uhr eingetragen ist, für eine oder zwei Stunden. Am 14. Oktober 1942 nahm Kersten in Rom sogar an einem Essen in der Villa Madama mit Himmler, SS-Obergruppenführer Wolff und SS-Obersturmbannführer Dollmann teil.[213]

Seine Begegnungen hielt Felix Kersten schriftlich fest.[214] Veröffentlicht wurden dessen Memoiren in mehreren Sprachen. Die deutsche Ausgabe erschien 1952 im Robert Mölich Verlag unter dem Titel »Totenkopf und Treue – Heinrich Himmler ohne Uniform. Aus den Tagebuchblättern des finnischen Medizinalrats Felix Kersten«.

In der darin enthaltenen Aufzeichnung vom 8. September 1942 hält Kersten fest:

»Wenn ich mir wirklich ein Bild über Himmlers religiöse Einstellung machen wollte, das über seine gelegentlichen Aussprüche über den Islam und seine ätzende Schärfe des Urteils gegen die katholische Kirche hinausging, so mußte ich, um mit ihm diskutieren zu können, die Hauptwerke kennen, die Himmler als Ausgangsbasis nahm. Ich frug Brandt[215], was Himmler an religiöser Literatur

213 Der Dienstkalender Heinrich Himmlers 1941/1942, Hamburger Beiträge zur Sozial- und Zeitgeschichte, Herausgegeben von der Forschungsstelle für Zeitgeschichte Hamburg, Hg. Christians, 1999

214 Felix Kersten, Totenkopf und Treue, Hamburg, 1952

215 Rudolf Brandt (1909–1948) war SS-Standartenführer, persönlicher Referent Himmlers sowie Ministerialrat im Reichsinnenministerium

Massagetherapeut Felix Kersten, 1958

eigentlich lese. Er nannte mir die Bhagavad Gita, die er als den ›hohen arischen Gesang‹ besonders schätzte, die Edda, die Veden und die Rigveden, die Visudi-Magga, das Buch der Reinheit, sowie einige astrologische Werke.«

Aus der Aufzählung geht hervor, dass sich entweder der SS-Standartenführer Rudolf Brandt oder Felix Kersten nicht mit dieser Literatur auskannte. Zum einen ist der Rigveda Bestandteil der Veden, zum anderen ist das Buch der Reinheit lediglich die Übersetzung von »Visudu Magga« (eigentlich: *Visuddhimagga*), ein buddhistisches Werk in Pali aus dem 5. Jh. n. Chr. von dem Gelehrtenmönch Buddhagosa.

Gleichwohl fällt die Affinität Himmlers zu den frühen religiösen Schriften Indiens auf. Und insbesondere in den »Rigveden« (eigentlich: dem *Rigveda*) finden sich Passagen, in denen der Rassismus der arischen Einwanderer und das blutrünstige Töten und Vertreiben der als minderwertig und dämonisch bezeichneten Gegner als Heldentat gefeiert wird.[216]

Diese sesshaften und hochkultivierten Gegner wurden in den Veden von den eindringenden Reiternomaden, die sich selbst Arier nannten, als *Dasyu* oder *Dasa* (sanskrit für feindselig, dämonisch, Nichtarier) bezeichnet. Später wurden sie zu *Shudra* gemacht, womit die unterste Kaste gemeint ist, die Nietzsche als »Dienstbotenrasse« bezeichnete.[217]

Kersten hält an jenem 8. September 1942 ebenfalls fest, dass sich wenige Männer in der SS befinden, mit denen Himmler ernsthaft über solche Dinge reden könne. Und die ihm untergebenen SS-Offiziere nahmen das, was »ihr ›König Heinrich‹ auf diesem Gebiete sagte, als Evangelium hin und staunten über sein Wissen wie seine Belesenheit«.[218]

Die Zusammenlegung von Reichsführer SS und Chef der Polizei bezeichnete Himmler ganz im Sinne und Sprachgebrauch der Bhagavad Gita als sein »Karma, mit dem ich mich abfinden und das ich selbst zu meinen Gunsten wenden muß« (S. 189). Er benutzte den Begriff hier nicht im Sinne der Ursache-Wirkung-Kausalität, sondern im Sinne von Schicksal und Vorsehung. In den indischen Religionen Hinduismus, Jainismus und Buddhismus ist mit *karma* jedoch ein spirituelles Konzept gemeint, wonach jede Handlung entsprechende Folgen hat. Die primäre wörtliche Übersetzung des aus dem Sanskrit und aus dem Pali stammenden Begriffs Karma bedeutet Tat, Werk, Wirken, Wirkung. Karma als Schicksal und Vorsehung zu interpretieren, deutet auf ein Missverständnis bzw. eine fatalistische Umdeutung.

Die Bhagavad Gita führte Himmler nach eigener, Kersten gegenüber getroffener Aussage immer mit sich, da er sie besonders liebte. Er las seinem Physiotherapeuten auch daraus vor, der die angeführte Stelle dann »wörtlich« abschrieb:

---

216 Zum Nachschlagen oder Vertiefung dieses Themas eignet sich die bislang einzige wissenschaftliche Rigveda-Ausgabe im deutschsprachigen Raum von Michael Witzel aus dem Verlag der Weltreligionen.

217 Näheres siehe Klaus Mylius, Geschichte der Literatur im alten Indien, Verlag Philipp Reclam Leipzig, 1983, Seite 46

218 Kersten, Seite 185

»Sooft der Menschen Sinn für Recht und Wahrheit verschwunden ist und Ungerechtigkeit die Welt regiert, werd ich aufs neu geboren, so will es das Gesetz. Ich trage kein Verlangen nach Gewinn…«[219]

Diese Stelle, so kommentierte Himmler die zitierte Passage, sei direkt auf Hitler zugeschnitten, denn jener sei eine der

»großen Lichtgestalten, die dem Germanentum immer dann entstehen, wenn es in tiefste körperliche, geistige und seelische Not gelangt. (…) Er ist dazu von dem Karma des Germanentums der Welt vorbestimmt, den Kampf gegen den Osten zu führen und das Germanentum der Welt zu retten, eine der ganz großen Lichtgestalten hat in ihm ihre Inkarnation gefunden« (S. 189).[220]

Auch hier benutzt Himmler den Begriff Karma wieder im Sinne von Schicksal und Vorsehung.

Dem Wortlaut der zitierten Stelle zufolge benutzte Himmler eine Ausgabe der Bhagavad Gita von Dr. Franz Hartmann (1838–1912), einem der wichtigsten Wegbereiter der Theosophie im deutschsprachigen Raum, Herausgeber der Zeitschrift »Lotusblüthen« und Sachbuchautor mit den thematischen Schwerpunkten christliche Mystik, Magie, Yoga, Veda, Vedanta und Okkultismus.

Die von Kersten unvollständig und auch nicht ganz korrekt wiedergegebene Passage entstammt dem mit »Jnana-Yoga« (Yoga der Erkenntnis) überschriebenen vierten Gesang der Bhagavad Gita. Ein dem Gott Krishna zugeordneter Gedanke wird im folgenden achten Vers formuliert:

»Zum Schutze der Guten, aber zum Verderben der Bösen,
komm' ICH mitten unter sie,
Den Weg zu lehren, der zum Heile führt.«[221]

Der von Kersten abschließend zitierte Satz (»Ich trage kein Verlangen nach Gewinn.«) ist eine Zeile aus dem Vers 14, der erst im Zusammenhang mit dem vorherigen Vers verständlich wird:

219 Kersten, Seite 189
220 Ebd.
221 Hartmann, Bhagavad Gita, Seite 37

»(13) Ich bin's, der die vier Stände hat geschaffen,
nach ihren Eigenschaften und Talente
sie hoch und niedrig ordnend in der Welt.
Ja ICH, die Ruhe, schuf die Ruhenden.
und ich, das Leben, die Lebendigen;
(14) Doch kann mein Werk mich nimmermehr beflecken.
ICH hege kein Verlangen nach Gewinn.
Wer eins mit mir ist, wird von allem frei
und ist durch seine Werke nicht gebunden.[222]

Da Felix Kersten am Ende der zitierten Stelle drei Punkte setzte, ist anzunehmen, dass die von Heinrich Himmler zitierte und von Kersten notierte Stelle umfangreicher war.

Die Bhagavad Gita, das Buch der Großen Absolution

Die Ausführungen von Hans Bernd Gisevius[223] in dessen Buch »Adolf Hitler. Eine Biographie – Versuch einer Deutung« (Knaur 1967) deuten ebenfalls auf ein längeres Zitat. Ohne die Quelle seiner Information anzugeben, stellt er dort fest: Es »kann kein Zweifel bestehen, daß für Himmler die Bhagavad Gita das Buch der Großen Absolution ist« (S. 159).

Nachfolgend zitiert er die ersten beiden Zeilen des oben wiedergegebenen Verses 14 und nachfolgend die Verse 20, 36 und 37[224] aus dem vierten Kapitel. Gisevius zitiert dabei aus einer anderen Ausgabe der Bhagavad Gita als jener, die Felix Kersten in der deutschen Fassung seiner ausgewählten Tagebuchaufzeichnungen »To-

---

222 Bhagavad Gita, Seite 38

223 Hans Bernd Gisevius (1909–1974), Staats- und Gestapobeamter, Sachbuchautor

224 »Wer an der Taten Frucht nicht hängt, stets zufrieden, nicht Hilfe braucht – Nur mit dem Körper tu'nd die Tat: so bleibt er frei von Sündenschuld... Auch wenn ein größrer Sünder du als alle anderen Sünder bist, doch wirst mit der Erkenntnis Schiff Du fahren übers Meer der Schuld. Gleichwie das Feuer, wenn es flammt, zu Asche all das Brennholz macht, So brennt auch der Erkenntnis Feu'r zu Asche alle Taten dir...« (Gisevius, Seite 160)

tenkopf und Treue« zitiert. Nach dem von ihm wiedergegebenen Wortlaut handelt es sich um die von Leopold von Schroeder im Eugen Diederichs Verlag Jena publizierten Ausgabe, deren Copyright mit 1922 angegeben ist und die nochmals 1941 erschien.

Hans Bernd Gisevius bezog sich auf die Begegnung zwischen Kersten und Himmler. Somit ist anzunehmen, dass Kerstens Wortwahl der tatsächlich von Himmler verwendeten Bhagavad-Gita-Ausgabe entspricht. Möglich ist aber auch, dass Kersten aus jener Ausgabe zitierte, die er sich nach Erkunden bei Brandt[225] selbst besorgt hatte, und dass Himmler jene Ausgabe besaß, aus der Gisevius einige Textbeispiele wörtlich anführt.

Die Einleitung von Leopold von Schroeder entspricht zumindest eher den Anschauungen Himmlers. Er schreibt dort von der »echt arischen Fähigkeit hochfliegender Begeisterung« und von der »kraftvoll ethischen Kashatriya-Religion«. Zudem stellt er den Aspekt der Pflichterfüllung in den Vordergrund:

> »Tu deine Pflicht!
> Nach dem Erfolg des Handelns frag nicht!
> Das ist das Leitmotiv dieser Lehre.«[226]

Felix Kersten notierte genau jene beiden Stellen aus dem vierten Gesang der Bhagavad Gita in »Totenkopf und Treue«, in denen Himmler sich und sein Tun aus für ihn nachvollziehbaren Gründen in Beziehung setzte zu den Aussagen jener Passage. Im Kapitel über den Jnana-Yoga, den Yoga der Erkenntnis oder Weisheit, fand Himmler Sätze, die seine mörderischen Anordnungen und Befehle moralisch legitimierten.

Ein Jahr nach dem hier angeführten Tagebucheintrag Kerstens und dem Hinweis auf die Affinität Himmlers zur Bhagavad Gita hielt er in Posen zwei Reden vor SS-Offizieren sowie vor Reichs- und Gauleitern, in denen er auf diese Motivation und Legitimation Bezug nahm.

---

225 Rudolf Brandt (1909–1948), SS-Standartenführer und persönlicher Referent Heinrich Himmlers sowie Ministerialrat im Reichsinnenministerium

226 Leopold von Schroeder, Bhagavadgita / Des Erhabenen Sang, Seite IV

Spuren der Lesefrüchte in den Reden und Handlungsanweisungen

Die erste Posener Rede vom 4. Oktober 1943 dauerte drei Stunden. Himmler hielt sie im Posener Rathaus vor 33 Obergruppenführern, 51 Gruppenführern und acht Brigadeführern der SS. Als Redetext wurde sie fünfzig weiteren hohen SS-Offizieren zur Kenntnisnahme zugeschickt. In dieser Rede finden sich an drei Stellen inhaltliche Bezüge und Parallelen zu Grundaussagen der Bhagavad Gita, insbesondere zu jenen Textstellen, auf die Himmler seinen Physiotherapeuten Kersten hinwies. Die jeweiligen Themenschwerpunkte der unten angegebenen Textstellen der Rede,[227] aus denen die Zitate stammen, sind (in Klammern) an das Ende des jeweiligen Zitats gesetzt.

Redebeitrag Himmlers zur »Inneren Front«

»Soweit es notwendig ist, wird brutal und gnadenlos durchgegriffen. Freude macht das niemandem von uns. Obschon es keine Freude macht, haben Sie, meine Herren, ohne Rücksicht auf Verwandtschaft oder Bekanntschaft, auf Stand oder vielleicht vorhandene frühere Verdienste, ohne Rücksicht darauf, ob einer Parteigenosse ist oder nicht, gnadenlos durchzugreifen, wenn es das Schicksal der Nation erfordert.«

Dies entspricht genau dem, was Krishna von Arjuna verlangt und was Leopold von Schroeder in der Einleitung zur Bhagavad Gita wie folgt zum Ausdruck bringt:

»Als Arjuna seine Verwandten, Freunde und Lehrer vor sich in den Reihen der Feinde sah, zögerte er vorzugehen, wird unschlüssig und kleinmütig. Wie soll er mordend vorgehen gegen diese ihm nahstehenden Menschen? – Da ermahnt ihn Krishna, solche Bedenken fahren zu lassen und seine Pflicht als Kämpfer zu tun.«[228]

---

227 Die vollständige Rede kann unter anderem unter der Webadresse www.1000dokumente.de/pdf/dok_0008_pos_de.pdf aufgerufen und gelesen werden

228 Leopold von Schroeder, Seite III f.

Redebeitrag Himmers zu »Judenevakuierung«

»Wir wollen nicht am Schluss, weil wir einen Bazillus ausrotteten, an dem Bazillus krank werden und sterben. Ich werde niemals zusehen, dass hier auch nur eine kleine Fäulnisstelle entsteht oder sich festsetzt. Wo sie sich bilden sollte, werden wir sie gemeinsam ausbrennen. Insgesamt aber können wir sagen, dass wir diese schwerste Aufgabe in Liebe zu unserem Volk erfüllt haben. Und wir haben keinen Schaden in unserem Inneren, in unserer Seele, in unserem Charakter daran genommen.«

Auch hier ist die Parallele zum vierten Kapitel der Bhagavad Gita offenkundig, insbesondere zu jenem 14. Vers im 4. Kapitel, den Himmler gegenüber Kersten hervorhob:

»Doch kann mein Werk mich nimmermehr beflecken« (Hartmann, S. 38) sowie zwei Zeilen aus den Versen 37 und 39 desselben Kapitels: »So brennt auch der Erkenntnis Feu'r zu Asche alle Taten dir. (...) Wer die Erkenntnis fand, gelangt zum höchsten Seelenfrieden bald.«[229]

Redebeitrag Himmlers zur »Zukunft«

»Was die Beendigung und das Gewinnen des Krieges anlangt, so müssen wir insgesamt eine Erkenntnis in uns aufnehmen: Ein Krieg muss geistig, willensmäßig, seelisch gewonnen werden, dann ist die körperliche, leibliche, materielle Gewinnung nur eine Folgeerscheinung. (...) Wir müssen letzten Endes den Willen haben und wir haben ihn, denjenigen, der an irgendeiner Stelle nicht mehr mittun will in Deutschland, — das könnte bei einer Belastung einmal eintreten — kühl und nüchtern umzubringen. Lieber stellen wir so und so viele an die Wand, als dass an irgend einer Stelle ein Bruch entsteht. Wenn wir seelisch, willensmäßig und geistig in Ordnung sind, dann werden wir diesen Krieg nach den Gesetzen der Geschichte und der Natur gewinnen, weil wir die

---

229 Leopold von Schroeder, Seite 25

höheren menschlichen Werte, die höheren und kräftigeren Werte in der Natur verkörpern.«[230]

Dieser gesamte Redeabschnitt ist von den in der Bhagavad Gita gepriesenen Werten geprägt. Himmler lobt die Relevanz des Geistigen und Seelischen als Bedingung für den Sieg und nimmt, wie in der Bhagavad Gita Arjunas Wagenlenker Krishna, für sich in Anspruch, für höhere Werte zu morden: kühl, nüchtern und innerlich unbeteiligt, so wie es Krishna verlangt.

Angesichts der zahlreich bereits begangenen und noch zu begehenden Verbrechen brauchten Himmler und offenbar zudem die gesamten NS- und SS-Führungskräfte solche Rechtfertigungen, die im Wortlaut dem entsprechen, was die Ethik der Bhagavad Gita in großen Teilen vertritt:

1. Auch Verwandte und Bekannte nicht zu schonen, wenn es das Karma (wie es Himmler verstand) verlangt.

2. Trotz des Tötens keinen Schaden im Inneren bzw. in der Seele zu nehmen und

3. die Rechtfertigung des Krieges wegen der höheren menschlichen Werte, die nur dem eigenen Lager zuerkannt werden.

Dass sein über Jahre hemmungslos grausames Werk ihn nicht beflecken könne und er durch seine Werke nicht gebunden sei, diese Aussage aus dem vierten Kapitel der Bhagavad Gita dürfte Himmler noch mehr Labsal gewesen sein als die Tiefengewebsmassagen, mit denen Kersten die psychosomatischen Verspannungen und Krämpfe Himmlers linderte. Dennoch taten ihm die Tiefengewebsmassagen so gut, dass er auf Kerstens Wunsch und Vermittlung hin Gefangene freiließ und zum Tode Verurteilte begnadigte. Da entschied er gar nicht so hart und unerbittlich, wie er es von seinen Untergebenen verlangte, sondern er reagierte gleichermaßen positiv wie affektiv auf eine sehr persönliche und positive Verbesserung seines Wohlbefindens.

230 Aus der Posener Rede, 4. Oktober 1943

6. Nationalsozialistische Leibesertüchtigung und Hatha-Yoga

Viele Themen und Grundsätze des Nationalsozialismus und ihrer führenden Politiker sind von Widersprüchen geprägt. Die Diskrepanz zwischen dem, was behauptet, und dem, was praktiziert oder davon umgesetzt wurde, ist auffällig.

Askese wird in nahezu allen Schriften des Nationalsozialismus vehement abgelehnt. Andererseits wurde Hitler als selbstloser Asket und tierliebender Vegetarier dargestellt. Allerdings war er weder Vegetarier noch Asket und zudem weit entfernt von dem, was einen Arier auszeichnen sollte.

Als herausragende Merkmale der arischen Rasse werden blonde Haare, eine hochgewachsene athletische Statur, Gesundheit und Vitalität gepriesen. Jene, die diese Werte besonders herausstellten, waren krank, dunkelhaarig und von eher kleiner Statur. Ein auffallendes Merkmal von Goebbels war sein Klumpfuß.

Adolf Hitler musste sich auf Anraten der Ärzte von Schonkost wie Haferbrei und Apfelmus ernähren, weil er ständig Bauch- und Darmprobleme hatte sowie fortwährend unter Blähungen litt. Die Hälfte seiner Zähne war durch Brücken und Prothesen ersetzt, so dass er kaum zubeißen konnte. Seine überwiegend pflanzliche Brei-Nahrung ist in »hohem Maße« auf den »außerordentlich schlechten Zustand des Gebisses« zurückzuführen, heißt es in »Patient Hitler«.[231]

---

231 Patient Hitler, Seite 309

Anspruch und persönlicher Status lagen oft extrem auseinander. Selbst das Kämpfen und sich auf dem Schlachtfeld als mutiger Krieger zu behaupten, überließ die Führungsriege des Nationalsozialismus stets anderen. Schaut man sich die Biographien von Schopenhauer, Nietzsche, Chamberlain über Eckart und Hauer bis zu Hitler an, so waren es kränkelnde Maulhelden, die sich mit starken Worten in Szene setzten und Werte postulierten, von denen sie weit entfernt waren. An ihren eigenen Ansprüchen gemessen handelte es sich um gescheiterte Existenzen.

Zu den Widersprüchen in Bezug auf das Thema Yoga und indische Philosophie gehören die herabsetzenden Urteile des angeblich niederen Hatha-Yoga, denn andererseits wurden die positiven Effekte der körperlichen Yoga-Praxis in Zeitungen und Buchpublikationen wiederholt hervorgehoben und entsprechende Kurse angeboten.

Die erste Yogaschule in Deutschland wurde 1937 in Berlin gegründet und dies von einem Russen! Boris Sacharow konnte von seinem Yoga-Unterricht leben und er vermittelte den »niederen«, weil körperlichen Hatha-Yoga und nannte es »indische Körperertüchtigung«.[232]

Die Zeitungen waren zwischen 1933 und 1945 voll mit Fotos von Zivilisten und/oder Soldaten, die gymnastische Übungen absolvierten und diese waren oft identisch mit den Grundhaltungen (*āsana*) des Hatha-Yoga. Dies trifft auch für das Bauhaus in Weimar und Dessau zu, wo in den 1920er Jahren Yogaübungen praktiziert wurden.[233]

Die »Leibesertüchtigung« wurde oft und aufwendig illustriert empfohlen. Für die sportlichen Aktivitäten war der »Nationalsozialistische Reichsbund für Leibesübungen« (NSRL) hauptverantwortlich. Auch Yogaübungen wurden offiziell empfohlen. Die

---

232 Siehe Mathias Tietke, Yoga im Nationalsozialismus, 2. Auflage 2014, Verlag Ludwig, Kiel

233 Das Buch »Yoga am Bauhaus« ist in Vorbereitung und wird 2022 veröffentlicht

Atme Dich weise!

Hatha-Yoga: indische Übungen zur Stählung des „Körpergeistes"

Die erste von 84 Übungen

Wie der Yogi Gedankenruhe erzielt

„Im Zustande der Erleuchtung"

Der Yogi Sant Ram Mandal von der Universität Berkeley, USA, in der Zeitschrift Koralle, Nr. 30, 1939

Körperhaltungen oder Übungsfolgen wurden allerdings stets mit deutschen Bezeichnungen bedacht.

Diese Ambivalenz trifft auf fast alle Bereich des Nationalsozialismus zu. Viele Dinge waren widersprüchlich oder wurden inkonsequent umgesetzt. Hinter der Fassade der Inszenierungen und offizieller Statements kommen Brüche, Schwächen und reichlich Gegensätze zum Vorschein. Die Präferenzen in Bezug auf Yoga gehören dazu. Der rein geistige Yoga bzw. »königliche« Raja-Yoga wurde propagiert und für systemrelevant befunden, doch zugleich vermittelten indische Yogi und der Russe Boris Sacharow mitten im Machtzentrum Berlin den verpönten körperlichen Hatha-Yoga mit Übungsfolgen und Atemtechniken.

7. »Great German«: Die Affinität zahlreicher Inder für Adolf Hitler und den Nationalsozialismus bis heute

Wer als Reisender nach Indien kommt, sich dort als Individualtourist eine längere Zeit aufhält und auf Land und Leute einlässt, bekommt mitunter verstörende Dinge gesagt. Beispielsweise: »Ah! From Germany! That's good. Hitler great german. We have the same roots.«

Viele Inder sehen in Hitler eine beeindruckende Persönlichkeit. Indienreisende, die sich auf Land und Leute einlassen, werden damit gelegentlich konfrontiert.

Hitlers Schrift »Mein Kampf« liegt in den Buchläden direkt neben Schriften des Vedanta und Yogabüchern. In Gesprächen kommt es mitunter dazu, dass man auf die gemeinsame »arische« Herkunft angesprochen wird. Die Aussage zu den »same roots« bezieht sich darauf. Solche Statements bekam ich ausschließlich im Norden des indischen Subkontinents zu hören.

Neu sind diese Verknüpfungen nicht. Zu Beginn des 20. Jahrhunderts gab es bereits solche Statements zur gemeinsamen Vorgeschichte oder Herkunft sowie die Verbindung von Vedanta und Yoga einerseits und Adolf Hitler sowie SS andererseits, wie in »Yoga im Nationalsozialismus« und in diesem vorliegenden Buch mit zahlreichen Beispielen belegt wurde und wird.

»Mein Kampf« verkauft sich weltweit gut. Auch in Indien. Der indische Verlag »Jaico« brachte das Buch 1988 erstmals in eng-

lischer Sprache heraus und publizierte 2010 bereits die 55. Auflage. Nach Angaben des Verlages wurden zwischen 2003 und 2010 rund 100.000 Exemplare verkauft. »Hitlers »Mein Kampf« ist in Indien, aber inzwischen auch in Deutschland wieder ein Bestseller und dies, obwohl die kommentierte Ausgabe 59,00 Euro kostet.

linke Seite und rechts: Yogabücher und Hitlers »Mein Kampf« vereint: Schaufensterauslagen in Indien

Das in München ansässige »Institut für Zeitgeschichte« hat 2016 eine zweibändige Neuausgabe von »Mein Kampf« herausgegeben. Die Erstauflage (4000 Exemplare) war sofort vergriffen. Im Dezember 2017 erschien bereits die siebente Auflage und ab Januar 2018 war »Mein Kampf« in der Bestsellerliste des »Spiegel«, schaffte es zwei Mal auf Platz 1 und vierzehnmal in die Top Ten. Mittlerweile wurden auch hier 100.000 Exemplare von »Mein Kampf« verkauft, so viele wie in Indien. Allerdings leben dort auch 1,35 Milliarden Menschen (Stand 2018).

In Anbetracht dieser Zahlen und Entwicklung ist die durchweg abfällige Kommentierung gegenüber den Indern hinsichtlich deren Rezeption von »Mein Kampf« durch die Historikerin Dr. Maria Franke deplatziert und unangebracht. Dem Beitrag »Hitler bei den Hindus«,[234] seit dem 7. April 2014 auf der Webseite des »Bundesamtes für Politische Bildung« (BPB), fehlt es nicht nur an sachlicher Kenntnis zur historischen Bedeutung des seit Jahrtausenden weltweit verbreiteten Symbols des Swastika, sondern zudem an einer selbstkritischen Reflektion, in welcher Art und Weise Hitler und das NS-Regime in Deutschland nach 1945 rezipiert bzw. konsumiert werden und wie stark ehemalige NSDAP-Mitglieder und SS-Führer im Deutschen Bundestag vertreten waren und wichtige Positionen in der deutschen Politik einnahmen.[235] Fast täglich kann man auf dem Fernsehsender »Phönix« Beiträge über Hitlers Ge-

234 https://www.bpb.de/internationales/asien/indien/181208/hitler-wahrnehmung, abgerufen 19. Oktober 2020

235 Siehe hierzu: https://de.wikipedia.org/wiki/Liste_ehemaliger_NSDAP-Mitglieder,_die_nach_Mai_1945_politisch_tätig_waren

Adolf Hitler als Eiscreme in der Waffel. Uttar Pradesh, 2015

heimwaffen, Hitlers Vorkosterin und Sendungen wie »Böse Bauten – Hitlers Architektur« oder »Heil Hitler und Alaaf!« sehen.[236]

Der Verkauf von »Mein Kampf« findet in Indien tatsächlich in aller Öffentlichkeit in Buchläden oder bei Straßenhändlern statt. So mag der Eindruck entstehen, dass es im Land besonders große Sympathien für Hitler gibt. In Nordamerika und anderen europäischen Staaten wie auch in Deutschland kann das Buch jedoch ebenso problemlos im Buchhandel und im Internetversand erworben oder aus Onlinedatenbanken heruntergeladen werden.

Der am besten nachvollziehbare Grund für die Hitler-freundlichen Äußerungen mancher Inder und Inderinnen sind deren traumatische Erfahrungen mit der britischen Kolonialmacht. Daraus resultiert die vereinfachte Schlussfolgerung »Der Feind meines Feindes ist mein Freund«. Da die deutsche Wehrmacht im Zweiten Weltkrieg gegen die Kolonialmacht Großbritannien kämpfte, machte sie dies indirekt zu »Verbündeten« des um Unabhängigkeit kämpfenden Indiens.

Die oft unreflektiert geäußerten Sympathien in Bezug auf Hitler gehen soweit, dass Geschäfte oder Restaurants und Eishändler sich in den vergangenen Jahren nach Adolf Hitler benannten.

236 https://meedia.de/2014/04/29/unseren-taeglichen-hitler-gib-uns-heute-jeden-tag-zwei-hitler-dokus-im-tv/

Foto zum Beitrag »Neo-Hindutva leadership takes India on the road to fascism«, The World Sikh News, 2019

In Mumbai wurde 2006 ein Restaurant eröffnet, das sich »Hitler's Cross« nannte. Im Eingangsbereich war ein Porträt des »Führers« angebracht. Die Proteste der jüdischen Gemeinde von Mumbai und die Kritik seitens des israelischen Generalkonsulats führten zur Umbenennung.

Der Holocaust an den europäischen Juden spielt bei den Sympathieäußerungen indes keine Rolle bzw. wird verdrängt. Die Wahrnehmung der historischen Ereignisse ist stark selektiv und undifferenziert.

Der indische Hindu-Nationalismus vertritt hinsichtlich des Umgangs mit der eigenen geschichtlichen Entwicklung ganz ähnliche Werte und Ansichten wie die in diesem Buch geschilderten Wegbereiter und Führer des deutschen Nationalsozialismus. Den Veden, dem Vedanta und der Bhagavad Gita wird höchste Wertschätzung entgegengebracht. Ein kritisches Reflektieren der Texte und der indischen Geschichte findet selten statt bzw. wird vehement bekämpft, wie im Falle der indischen Historikerin Romila Thapar.[237]

237 Siehe hierzu Steffen Graefe, Der neue radikale Hinduismus; Indien im Kampf der Kulturen, LIT Verlag, Berlin, Müster, 2010

Das Geheimnis
des Hakenkreuzes
und die Wiege des
Indogermanentums

Von
Otto Grabowski

Mit 480 Abbildungen und
Buchschmuck vom Verfasser

Berlin
Verlagsanstalt für Vaterländische
Geschichte und Kunst G. m. b. H.
(1921.)

Hitler-Lektüre und Bestandteil seiner Bibliothek

8. Von der Swastika zum Hakenkreuz

Was manche Reisende aus dem Westen auch irritieren mag, sind die zahlreich vorhandenen Swastika, die unzutreffend mit dem Hakenkreuz der Nationalsozialisten gleichgesetzt werden. Diese Annahme bzw. Gleichsetzung ist jedoch einem oberflächlichen Kenntnisstand oder kompletter Unkenntnis der Bedeutung und Geschichte des Swastika-Symbols geschuldet. Swastika gab und gibt es in sechs Weltkulturen und sie sind seit rund 5000 Jahren nachweisbar. Von der Induskultur, Tibet und Japan über Pompeji und Kreta gab es die Verwendung von Swastika. Es war und ist ein Glückssymbol und steht für den Sonnenaufgang oder den Sonnenuntergang.

Adolf Hitler hat sich nachweislich mit der Geschichte und Bedeutung von Hakenkreuzen befasst. In seiner Bibliothek befand sich nach Angaben[238] von Timothy Ryback das 1921 erschienene Buch »Das Geheimnis des Hakenkreuzes und die Wiege des Indogermanentums« von Otto Grabowski. Somit war Hitler bekannt, dass Swastika seit Jahrhunderten unter anderem in Afrika, auf Kreta, in Schottland und Tibet verwendet wurden. Grabowski weist in seinem mit 480 Abbildungen versehenen Buch aber auch auf die Gepflogenheit germanischer Krieger hin, die ihre Lanzenspitze mit dem Hakenkreuz weihten: »Zur römischen Kaiserzeit, beson-

238 E-Mail von Timothy Ryback an den Autor am 13. September 2020

Eine von zahlreichen Abbildungen in »Das Geheimnis des Hakenkreuzes und die Wiege des Indogermanentums« von Otto Grabowski

ders aber in der Völkerwanderung, ist das Hakenkreuz schier zum Rasseabzeichen der Germanen geworden.«[239]

Dieser Satz könnte für Hitler ein Impuls gewesen sein, dass Hakenkreuz als Symbol des Nationalsozialismus zu verwenden. Dass er sich bei der Entscheidung für die Verwendung dieses Symbols

239 Otto Grabowski, Das Geheimnis des Hakenkreuzes und die Wiege des Indogermanentums, Verlagsanstalt für vaterländische Geschichte und Kunst, Berlin, 1921, Seite 30

»Sonnwendfeier...«

»Unsere Fahne flattert uns voran«

Angeblich »Die Standarte des Sieges«, Nürnberg 1933

an der indischen oder tibetischen Swastika orientiert hat, wie es in Yogakreisen kolportiert wird, kann ausgeschlossen werden. Das Hakenkreuz wurde bereits während des deutschen Kaiserreichs in völkisch-nationalistischen Kreisen populär und zu einem Bekenntnissymbol für Volkstum und Kampf gegen eine vermeintlich jüdisch-christliche Überfremdung, ohne Bezug auf Indien.

Die Publikationen der völkisch-nationalen Bewegung waren häufig mit Hakenkreuzen versehen. Bedeutsam ist in diesem Kontext die in München nach dem Ersten Weltkrieg gegründete Thule-Gesellschaft, benannt nach einem sagenhaften Land im Norden. In der Thule-Gesellschaft kamen militante Antisemiten und Gegner der Weimarer Republik zusammen, unter ihnen viele spätere Politiker des Nationalsozialismus. Das Hakenkreuz war das Symbol dieses Vereins, es schmückte auch die Versammlungsräume. Die Mitglieder grüßten sich mit »Heil und Sieg«.

9. Yoga: Breites Spektrum, selektive Aneignung

Die Affinität führender Politiker des Nationalsozialismus bestand nicht in einem Kulturtransfer oder in der Verwendung indischer Symbole. Bezogen auf Indien lagen die Präferenzen ausschließlich im frühgeschichtlichen und philosophisch-religiösen Bereich. Die Aneignung von Yoga und Grundsätzen indischer Philosophie war konstant selektiv. Es wurden ausschließlich Werte und Sichtweisen anerkannt und aus dem Kontext indischer Geschichte und Yogaphilosophie übernommen, die zum destruktiven nationalsozialistischen Weltbild passten. Jeder davon abweichende Ansatz, wie zum Beispiel *ahimsâ* (sanskrit: Nichtschädigung, Nichtverletzen), die Wertschätzung von Gewaltfreiheit, wurde ausgeblendet oder ignoriert.

Der hohe Grad von Anpassungsfähigkeit des Yoga an die jeweiligen Umstände und Verhältnisse ist der Grund für seine weltweite Verbreitung und eine Entwicklung, die bereits 5000 Jahre andauert.[240] Sein breites Spektrum macht Yoga kompatibel für destruktive Ideologien, aber ebenso für radikale Pazifisten, Eremiten und für therapeutische Ansätze. Zwischen diesen beiden Polen bewegt sich die Mehrheit jener, die Yoga praktizieren. Den einen geht es um einen Ausgleich zum stressigen Alltag, den anderen um mehr

240 Siehe Mathias Tietke, Der Stammbaum des Yoga. 5000 Jahre Yoga. Tradition und Moderne, Theseus Verlag, Stuttgart, 2007

körperliche Flexibilität oder um eine spirituelle Selbstverwirklichung. Dass sich Hitler und Himmler ausgewählte Aspekte des Yoga zu eigen gemacht haben, stellt die Essenz und den Nutzen des Yoga keineswegs in Frage.

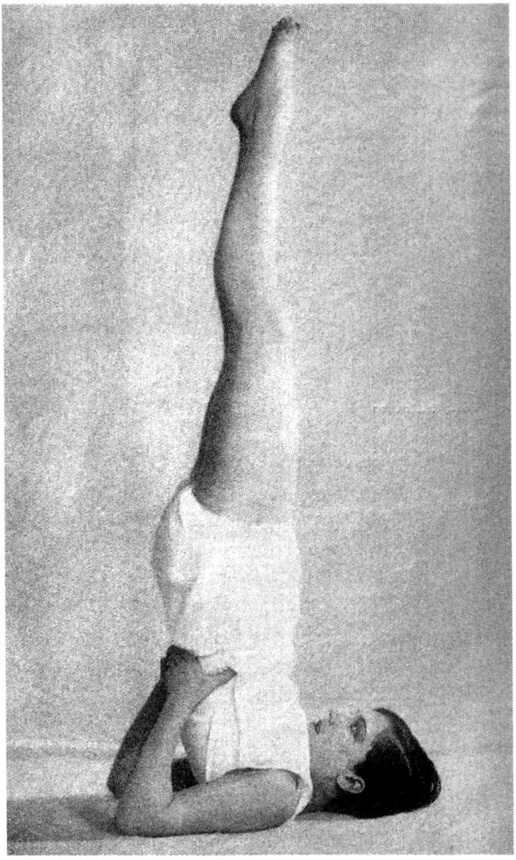

Die Umkehrhaltung Schulterstand (*sarvangāsana*), 1928

rechte Seite: Yoga dynamisch in Band 1 der »Kinosportbücher«, 1940

Einatmung

Ausatmung

10. Literaturverzeichnis

Adelmann-Huttula, Willy: Jeder Deutsche ein Yoga-Praktiker! Der Raja-Yoga als Lebenskunst und Lebenswissenschaft, Pfullingen, o. J.

Aus Arthur Schopenhauers handschriftlichen Nachlaß, 1864

Bade, Wilfried: Deutschland erwacht, Werden, Kampf und Sieg der NSDAP, Altona-Bahrenfeld, Cigaretten-Bilderdienst, 1933

Berliner Illustrirte Zeitung, Nr. 37, Berlin 1933

Berliner Illustrirte Zeitung, Nr. 45, Berlin 1937

Chamberlain, Houston Stewart: Arische Weltanschauung, München, 1938

Chamberlain, Houston Stewart: Rasse und Persönlichkeit, Verlag F. Bruckmann, München, 1925

Chamberlain, Houston Stewart: Mensch und Gott. Betrachtungen über Religion und Christentum, Bruckmann Verlag, München, 2. Auflage, 1929

Cosima Wagner und H. St. Chamberlain im Briefwechsel, 1888–1908, herausgegeben von Paul Pretzsch, Ph. Reclam, Leipzig, 1934

Dahlmann, Joseph, Buddha. Ein Culturbild des Ostens, Verlag Felix L. Dames, Berlin, 1898

Das Reich, Wochenzeitung, 1940–1945, Deutscher Verlag, Berlin

Deussen, Paul: Sechzig Upanishad's des Veda, Leipzig, 1905

Deutsche Rundschau XLI 1884

Der Stürmer, Nr. 38, 1934

Der Untermensch, SS-Hauptschulungsamt, Berlin, 1942

Dienstkalender Heinrich Himmler, 1941/1942, Hamburger Beiträge zur Sozial- und Zeitgeschichte, herausgegeben von der Forschungsstelle für Zeitgeschichte Hamburg, Christians Verlag, Hamburg, 1999

Die Zeit, 18. Februar 2010

Die Weiße Fahne, Pfullingen, 1923–1942

Dierks, Margarete: Jakob Wilhelm Hauer. Leben. Werk. Wirkung, Heidelberg, 1986

Eliade, Mircea: Yoga. Unsterblichkeit und Freiheit, Frankfurt/Main, 1985

Etter, Annemarie: Nietzsche und das Gesetzbuch des Manu, in NIETZSCHE-STUDIEN, Internationales Jahrbuch für die Nietzsche-Forschung, herausgegeben von Ernst Behler / Mazzino Montinari / Wolfgang Müller-Lauter / Heinz Wenzel, Band 16, Walter de Gruyter – Berlin – New York, 1987, S. 340–352

Fest, Joachim C.: Hitler: Eine Biographie, Ullstein Verlag, Berlin – Frankfurt am Main, 1995 (Nachdruck der Ausgabe von 1973)

Feuerstein, Georg: Die Yoga Tradition, Geschichte, Literatur, Philosophie & Praxis, Wiggensbach, 2008

Fränkische Presse, 06. Oktober 1959

Fromm, Erich: Anatomie der menschlichen Destruktivität, Rowohlt Taschenbuch Verlag, Reinbek bei Hamburg, 1986

Gassert, Mattern: The Hitler Library. Greenwood Press, 2001

Gisevius, Hans-Bernd: Adolf Hitler. Versuch einer Deutung, München, 1967

Grabowski, Otto: Das Geheimnis des Hakenkreuzes und die Wiege des Indogermanentums, Verlagsanstalt für vaterländische Geschichte und Kunst, Berlin, 1921

Grant, Madison: Der Untergang der großen Rasse. Die Rassen als Grundlage der Geschichte Europas, J. F. Lehmanns Verlag, München, 1925

Günther, Hans F. K.: Adel und Rasse, J. F. Lehmanns Verlag, München, 1926

Günther, Hans F. K.: Der Nordische Gedanke unter den Deutschen, J. F. Lehmanns Verlag, München, 1927

Günther, Hans F. K.: Die Nordische Rasse bei den Indogermanen Asiens, J. F. Lehmanns Verlag, München, 1934

Hanfstaengl, Ernst: Zwischen Weißem und Braunem Haus. Erinnerungen eines politischen Außenseiters, Piper Verlag München, 1970
Hansert, Andreas: Schopenhauer im 20. Jahrhundert, Böhlau Verlag Wien-Köln-Weimar, 2010
Hartmann, Franz: Bhagavad Gita, Leipzig, 1920
Hauer, J. W.: Der Vratya. Untersuchungen über die nichtbrahmanische Religion Altindiens, Stuttgart, 1927
Hauer, J. W.: Eine indo-arische Metaphysik des Kampfes und der Tat. Die Bhagavadgita in neuer Sicht, Stuttgart, 1934
Hauer, J.W.: Glaubensgeschichte der Indogermanen, Stuttgart, 1937
Hauer, J. W.: Der Yoga, Südergellersen, 1983
Heiber, Helmut (Hg.): Reichsführer! Briefe an und von Himmler, München, 1970
Herder, Johann Gottfried: Ideen zur Philosophie der Geschichte der Menschheit, Berlin & Weimar, 1965
Himmler, Heinrich (Hg.): Die Schutzstaffel, München, 1936
Hitler, Adolf: Mein Kampf, München, 1925 (Bd. 1), 1927 (Bd. 2)
Hummel, Reinhard: Indische Mission und neue Frömmigkeit, Stuttgart, 1980

Issberner-Haldane, Ernst: Yogha Schulung für westliche Verhältnisse, Pforzheim, 1928
Issberner-Haldane, Ernst: Kosmische Religion. Yoga-Schulung und Diätetik der Seele, Neuss, 1988
Iyengar, B. K. S.: Licht auf Yoga, Barth Verlag, München, 1993

Judge, W. Q.: Die Yoga-Aphorismen des Patanjali, Berlin, 1904
Junginger, Horst: Von der philologischen zur völkischen Religionswissenschaft, Stuttgart, 1999

Kersten, Felix: Totenkopf und Treue, Robert Mölich Verlag, Hamburg, 1952
Keyserling, Hermann Graf: Reisetagebuch eines Philosophen, München/Leipzig, 1919
Köhler, Joachim: Wagners Hitler, München, 1997

Longerich, Peter: Heinrich Himmler: Biographie, München, 2010

Manusmriti – Manus Gesetzbuch, hg. und übersetzt von Axel Michaels, Verlag der Weltreligionen, Frankfurt am Main, 2010
Mattioli, Aram (Hg.): Intellektuelle von rechts, Zürich, 1995
Meyer, J. J.: Über das Wesen der altindischen Rechtsvorschriften und ihr Verhältnis zueinander und zu Kautilya, Leipzig, 1927
Mylius, Klaus: Geschichte der Literatur im alten Indien, Philipp Reclam, Leipzig, 1983

Nationalsozialistische Monatshefte, Verlag Frz. Eher Nachf. GmbH München, Heft 49, April 1934
Nietzsche, Friedrich: Morgenröthe, Chemnitz, 1881
Nietzsche, Friedrich: Fragmente V, Berlin/New York, 1884
Nietzsche-Studien, Jahrbuch, Band 16, Berlin/New York, 1987
Nietzsche, Friedrich: Fragmente XII, Berlin/New York, 1888

Plewnia, Margarete: Auf dem Weg zu Hitler, Bremen, 1970
Pretzsch, Paul: Cosima Wagner und Houston Stewart Chamberlain im Briefwechsel 1888–1908, Leipzig, 1934
Psyche – »Zeitschrift für den gesamten Okkultismus und alle Geheimwissenschaften«, Jg. 5, Heft 12

Rosenberg, Alfred: Blut und Ehre, Ein Kampf für die Wiedergeburt, Zentralverlag der NSDAP, München, 1936
Rosenberg, Alfred: Letzte Aufzeichnungen, Göttingen, 1955
Rosenberg, Alfred: Der Mythus des 20. Jahrhunderts. Eine Wertung der seelisch-geistigen Gestaltenkämpfe unserer Zeit. Hoheneichen, München 1930 Ryback, Timothy W.: Hitlers Bücher. Seine Bibliothek – sein Denken, Fackelträger Verlag, Köln, 2010

Safranski, Rüdiger: Schopenhauer und die wilden Jahre der Philosophie, Rowohlt Taschenbuch, Reinbek bei Hamburg, 1990
Schenck Ernst G.: Patient Hitler. Eine medizinische Biographie, Bechtermünz Verlag, Augsburg, 2002 Schmidt, Karl-Otto: Wissenschaft der Seele, Pfullingen, 1934
Schopenhauer, Arthur: Sämtliche Werke, Stuttgart/Frankfurt/Main 1968
Schopenhauer, Arthur: Parerga und Paralipomena, 1851

Schopenhauer, Arthur: Die Welt als Wille und Vorstellung, 3. Auflage 1859, Internet Archiv, San Francisco, Abgerufen 04. Dezember 2020
Schott, Georg: Chamberlain der Seher des dritten Reiches. Das Vermächtnis Houston Stewart Chamberlains an das Deutsche Volk, Verlag Bruckmann, München 1934
Süddeutsche Zeitung, München, Januar 2014
Suneson, Carl: Richard Wagner und die indische Geisteswelt, E. J. Brill, Leiden, 1988

Thapar, Romila: Indien. Von den Anfängen bis zum Kolonialismus, Essen, 1975
Thulin, Oskar: Die deutsche Bibel im deutschen Volk, Deutscher Bibeltag, 1934
Tietke, Mathias: Der Stammbaum des Yoga. 5000 Jahre Yoga – Tradition und Moderne, Theseus Verlag, Stuttgart 2007
Tietke, Mathias: Yoga im Nationalsozialismus, Verlag Ludwig, Kiel, 2. Auflage, 2014

von Brück, Michael: Bhagavad Gita, Frankfurt/Main, 2007
von Glasenapp, Helmuth: Das Indienbild deutscher Denker, Stuttgart, 1960
von Schroeder, Leopold: Bhagavadgita – Des Erhabenen Sang, Jena, 1937
von Schroeder, Leopold: Reden und Aufsätze vornehmlich über Indiens Literatur und Kunst, H. Haessel Verlag, Leipzig, 1913
von Schroeder, Leopold: Lebenserinnerungen, H. Haessel Verlag Leipzig, 1921
Völkischer Beobachter, 14. Januar 1935, Ausgabe München
Völkische Kultur, Monatsschrift für die gesamte geistige Bewegung des neuen Deutschlands, Hg. Wolfgang Nufer, Juli und Oktober, Jahrgang 1934, Wilhelm Limpert Verlag, Dresden

Wagner, Cosima: Die Tagebücher, München, 1976–1978
Wagner, Cosima und H. St. Chamberlain: Briefwechsel, siehe Pretzsch, Paul
Wagner, Richard: Das Judentum in der Musik, Leipzig, 1869
Wagner, Richard: Nachgelassene Schriften und Dichtungen, Leipzig, 1895
Walther, Heinrich: Hatha Yoga Pradipika, 1893
Wedemeier-Kolwe, Bernd: Der neue Mensch, Würzburg 2004
Die Weiße Fahne, Pfullingen, 1933–1941
Witzel, Michael: Das alte Indien, München, 2010

Witzel, Michael. Rigveda, Frankfurt/Main & Leipzig, 2007
Wüst, Walther: Indogermanisches Bekenntnis, Berlin, 1941
Wüst, Walther: Tod und Unsterblichkeit, Berlin, 1942

Yoga, Internationale Zeitschrift für wissenschaftliche Yoga-Forschung, Harburg-Wilhelmsburg, 1931

Der Autor entspannt in *Siddhāsana*, 2021

EBENFALLS IM **VERLAG LUDWIG** ERSCHIENEN

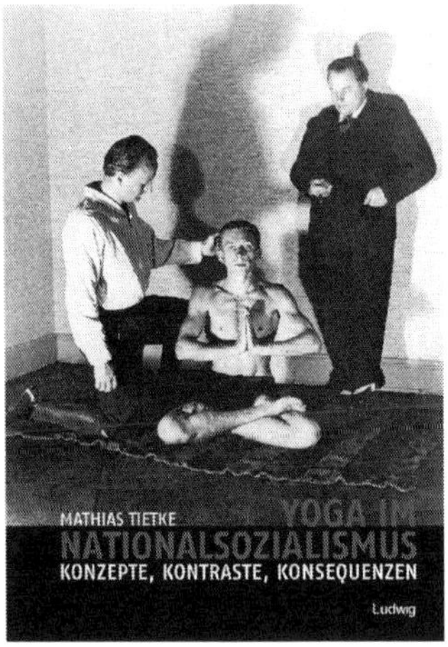

Mathias Tietke

YOGA IM NATIONALSOZIALISMUS
Konzepte, Kontraste, Konsequenzen

2. überarbeitete Auflage 2014

230 Seiten, 45 S/W-Abbildungen,
Broschur, 14,8 × 21 cm,
ISBN: 978-3-86935-013-4

Die Ethik des Yoga und die Ideologie des Nationalsozialismus scheinen einander auszuschließen wie Licht und Finsternis. Doch die hier größtenteils erstmals vorgelegten Forschungsergebnisse zeigen etwas anderes. Sie dokumentieren auf eindrucksvolle Weise die Rolle des Yoga im Nationalsozialismus. Untersucht werden sowohl die gegenseitige Beeinflussung und die konkreten Berührungspunkte als auch die Kontraste. Folgende Aspekte werden u.a. erörtert:

- Gab es vor dem Nationalsozialismus aus dem Spektrum des Yoga und der indischen Philosophie heraus Impulse für die nationalsozialistische Ideologie?
- Ist das Hakenkreuz von dem indischen Sonnensymbol (swastika) inspiriert?
- Welche tatsächlichen Adaptionen und Zusammenhänge gab es zwischen Yogapraxis, Yogaphilosophie und Ideologie des Nationalsozialismus und deren Machthabern?
- Inwiefern hatten Eva Braun und Heinrich Himmler mit Yoga zu tun?
- Wie sah die Yogaliteratur zwischen 1933 und 1945 aus?

Diese und weitere Fragen beantwortet der Autor fundiert und aufschlussreich, mit zahlreichen Belegen und bisher unveröffentlichtem Fotomaterial. Eine relevante und in den Ergebnissen überraschende Studie.

Mathias Tietke

YOGA IN DER DDR
Geächtet, Geduldet, Gefördert

Inklusive: Die Rezeption des Yoga im Ostblockund in der sowjetischen Raumfahrt

178 Seiten, 54 S/W-Abbildungen,
Broschur, 14,8 × 21 cm,
ISBN: 978-3-86935-217-6

Die Entwicklung des Yoga in der DDR war bislang ebenso Terra incognita wie die Entwicklung des Yoga im Nationalsozialismus. Mit dem vorliegenden Buch des Berliner Fachjournalisten und Sachbuchautors Mathias Tietke werden die drei Phasen der Rezeption des Yoga in der DDR anschaulich und umfassend dargelegt: die Ächtung, die Duldung und die Anerkennung des Yoga von offizieller Seite sowie inoffizielle Aktivitäten.

Wer wurde wegen Yoga vom Ministerium für Staatssicherheit (MfS) erfasst? Wie wurde Yoga im DDR-Fernsehen dargestellt und wie in Zeitschriften der DDR wie Das Magazin, Guter Rat und Neues Leben? Was hat es mit der sogenannten »Yoganastik« auf sich? Wieso wurde der indische Mönch und Yogalehrer Vishnu-devananda 1983 in Ostberlin drei Stunden lang verhört? Weshalb war Yoga über viele Jahre derart verpönt, obwohl in Bulgarien Yoga bereits seit Anfang der 60er Jahre vermittelt wurde? Und warum war es in Leipzig möglich, indische Yogis wissenschaftlich zu untersuchen und Veranstaltungen zum Thema Yoga durchzuführen?

Neben diesen und weiteren Fragen werden zudem die Yoga-Entwicklung im Ostblock und die Rolle des Yoga in der sowjetischen Raumfahrt behandelt, mit Quellenangaben belegt und mit zahlreichen Bilddokumenten illustriert.